쉽게 배우는 일본어 문법과 표현문형

임헌찬 지음

신아사

머리말

일본어는 문법구조와 어순에 있어서 한국어와 매우 유사하고, 같은 의미로 사용되는 어휘가 상당수 있다 보니, 초급단계에서 한국인이 배우기 쉬운 언어임에는 틀림없다. 그러나 중급단계로 나아가기 위해서는 일본어문법과 표현문형의 핵심사항을 정확하게 알고 활용해야 한다. 어떻게 하면 일본어문법 전반에 대해, 알기 쉽고 체계적이며 간결하게 설명할 수 있을까? 20여 년간 고민해 온 필자로서는 기존의 교재로는 이들의 욕구를 충족시켜 주지 못하며, 학습자들에게 おもしろさ(배움의 즐거움)를 제공해 주지 못해, 일본어문법 전반에 대한 이해와 학습능력 향상에 기여하지 못한다고 판단했다. 본 교재는 이러한 문제점을 해결하고 실용적이고 실질적인 도움을 주고자 집필하게 되었다.

제1장 [일본어의 특징]에서는 일본어에 대한 기본적인 인식과 이해를 돕기 위해, 한국어와 비교해 볼 때 일본어는 어떠한 특징을 가지고 있고, 공통점과 차이점은 무엇인지 살펴보았고, 제2장 [조사]에서는 일본어의 조사를 문법적 분류와 표현적 분류로 나누어 다뤘다. 제3장 [문법 활용]에서는 이 교재에서 가장 심혈을 기울여서 집필한 곳으로 일본어의 수사와 조수사 사용법, 인칭대명사와 지시대명사 사용법, 형용사의 활용, 동사의 활용, そうだ·ようだ·らしい, 수수표현, 자/타동사의 대응, 경어동사, 명사화방법, 명사 수식방법, 명사 술어표현 등을 알기 쉽게 표로 제시한 다음 사용방법을 전형적인 예문제시를 통해 명확한 이해를 추구하였다. 제4장 [중요문형의 표현방법]에서는 중급일본어 학습자들이 혼동하기 쉬운 중요문형에 대해서, 표현방법에 주의를 기울이며 기초적이고 실용적인 예문을 통해 알기 쉽게 정리하였고, 제5장 [부사 · 접속사 · 감동사의 표현방법]에서는 다양한 표현과 함께 사용하는 부사, 접속사와 감동사의 표현기능을 알기 쉽게 정리해 실제사용에 도움이 되도록 하였다.

아직 부족한 곳도 많은 것이 사실이지만, 앞으로 계속해서 수정 · 보완해 나갈 것이다. 아무쪼록 初/중급 일본어 학습자들에게 일본어문법과 문형을 알기 쉽게 이해하고 체계적으로 공부하는데 꼭 필요한 교재가 되어, 일본어에 더 많은 흥미를 가지고 관련분야를 이해하고 공부하는 학습자가 늘어나기를 간절히 바라는 마음뿐이다.

끝으로 출판을 흔쾌히 맡아주신 도서출판 신아사 정현걸 사장님과 한규갑 상무님, 그 밖의 출판관계자 여러분들에게 감사의 뜻을 전하고 싶다.

2019년 1월 7일

탐진관 연구실에서

Contents

第1章　일본어의 특징

1. 언어음의 특징
2. 표기적 특징
3. 한국어와 공통적인 문법적 특징
4. 한국어와 공통적인 어휘적 특징
5. 한국어와 공통적인 담화레벨의 특징과 사회언어학적 특징
6. 한국어와의 차이점

第1章 일본어의 특징

日本語에 대한 기본적인 인식과 이해를 돕기 위해, 한국어와 비교해 볼 때 일본어는 어떠한 특징을 가지고 있고, 공통점과 차이점은 무엇인지 살펴보기로 하자.

1. 言語音의 특징

(1) 일본어는 음절이 반드시 母音으로 끝난다.

走る[ha shi ru]　　飲む[no mu]　　書く[ka ku]　　話す[ha na su]

テニス[te ni su]　　野球[ya kyu]　　友達[to mo da chi]

단지 撥音「ン」과 促音「ッ」는 예외이다.

案内 [**an** na i]　　やっぱり [**yap** pa ri]

한편, 한국어는 子音으로 끝나는 경우가 많다.

J : 食べる [ta be ru]　K : 먹다 [meok ta]

(2) 일본어의 音의 단위는「拍(mora)」으로, 仮名 한자는 1拍을 구성해 시간적인 길이는 거의 같다.

大学(ダイガク) [da] [i] [ga] [ku]　　来る(クル) [ku] [ru]

(3) 일본어는 高低액센트로, 音의 高低(pitch)가 同音語의 의미를 바꾼다.

エヲ (絵 : 그림)　　エ**ヲ** (柄を : 손잡이)

ハシが (箸 : 젓가락)　　ハ**シ**が (橋 : 다리)　　ハ**シが** (端 : 끝/선단)

* 진한 부분을 높게 발음하고, 그 외는 낮게 발음한다.

2. 表記的 특징

平仮名(ひらがな) 와 片仮名(カタカナ)는 表音文字(phonetic symbol)로 音만을 나타내는 기호이고, 한자는 表意文字(logograph)로 音과 意味를 나타낸다.

週末は家族と一緒に過ごしました。(주말은 가족과 함께 보냈습니다)

地震に備えて食料品をたくさん買っておきました。

(지진에 대비해서 식료품을 많이 사 두었습니다)

현재 일본에서는 漢字, 平仮名, 片仮名를 상용하고, 때때로 로마字나 数字(漢数字・算用数字) 그 밖의 약간의 기호를 병용하고 있다. 漢字는「空気」「休む」「青い」「静かな」와 같이 명사나 활용어간 등 의미를 담당하는 부분에 사용된다. 平仮名는「走る」「赤い」와 같은 활용어미나,「赤さ」「お兄さん」과 같은 접사나, 조사・조동사・부사・접속사,「こと」「ところ」등의 형식명사 등에 사용된다. 片仮名는 외래어, 외국어음, 외국의 지명이나 인명, 의성어・의태어, 동물식물명, 그 밖의 발음을 강조하거나, 특수한 뉘앙스를 나타낼 때 사용된다.

3. 한국어와 공통적인 문법적 특징

語(단어)는 문절을 구성하는 기본요소로 의미상의 최소단위이다. 語가 모여 문절을 이루고 문절이 모여 文을 구성하는데, 일본어의 文의 특징을 살펴보자.

テーブル/の/上/に/新聞/が/ある。 → 語(단어)

テーブルの/上に/新聞が/ある。 → 文節(문절)

テーブルの上に新聞がある。 → 文(문장)

(1) 일본어와 한국어는 **S**(주어) **O**(목적어) **V**(동사) 言語이고, 영어는 SVO言語이다.

일본어와 한국어는 述語(동사, 형용사)가 目的語보다 뒤에 오므로, 기본적인 語順은 **SOV**言語이다. 이점에서 SVO言語인 영어와 대조적이다.

일본어 : 子供が(S) 漢字を(O) 書きます(V)。

한국어 : 아이가(S) 한자를(O) 씁니다(V).

영　어 : He plays tennis. (그는 합니다 테니스를)

그리고 語順을 바꿔도 각 語의 문법적 관계는 변하지 않는다.

赤ちゃんが 牛乳を 飲んだ。 아이가 우유를 마셨다.

牛乳を 赤ちゃんが 飲んだ。 우유를 아이가 마셨다.

牛乳を 飲んだ 赤ちゃんが。 우유를 마셨다 아이가.

飲んだ 赤ちゃんが 牛乳を。 마셨다 아이가 우유를.

또, 영어에서의 부사는 문말에 놓이거나 목적어 뒤에 놓이는 것이 보통이지만, 일본어와 한국어에 있어서의 부사의 위치는 비교적 자유롭다.

The train is running slowly.

電車がゆっくり走っている。 전차가 천천히 달리고 있다.

ゆっくり電車が走っている。 천천히 전차가 달리고 있다.

電車が走っているゆっくり。 전차가 달리고 있다 천천히.

(2) 일본어와 한국어는 主題가 있고, 일본어는 무생물주어를 꺼린다.

영어는 언제나 主語가 필요하지만, 일본어에는 「~は」로 대표되는 主題의 단위가 있어서, 주어와 다른 개념으로 쓰여 文이 「무엇에 대해 진술하고 있는가」를 나타낸다. 따라서 이중주어구문이 존재하며, 주어가 없는 무주어문이 성립한다. 이점에서도 한국어와 같다.

あの店は ピザが 有名だ。 (저 가게는 피자가 유명하다)

(主題)　(主語)　(述語) ; 二重主語構文

あつい季節になりました。 (더운 계절이 되었습니다) ; 無主語文

일본어의 경우, 타동사문이나 사역문 등에서는 무생물주어를 사용할 수 없지만, 번역조의 문장에서는 무생물 주어가 사용된다.

台風が大雨を降らせた。 (태풍이 큰비를 내리게 했다)

あの事件が彼女を変えた。 (그 사건이 그녀를 바꿔놓았다)

(3) 일본어와 한국어의 수식어는 피수식어에 선행한다.

일본어와 한국어는 수식어가 피수식어의 직전에 온다. 하지만 영어는 수식어가 피수식어 앞에 올수도 있고, 피수식어가 수식어 앞에 올수도 있다.

高い 本	비싼 책	an expensive book
すてきな人	멋진 사람	A great person
可愛い女の子	귀여운 여자아이	A lovely girl
私が買った 本	내가 산 책	the book which I bought

(4) 일본어와 한국어는 文구성요소의 생략이 비교적 자유롭다.

1) 主語의 생략 (あなたは) 行く? (너는) 갈 거야?

(私は) 幸せですよ。(나는) 행복해요.

(私は) ビールが好きです。(나는) 맥주를 좋아합니다.

2) 格助詞생략 私(は)、行かない。 내(는) 안 간다.

3) 述語생략 先生は(来る)? 선생님은 (오시나) ?

早く行ったらいいのに(行かない)。빨리 가면 좋겠는데(안 간다).

三回読んだけど(分からない)。세 번 읽었는데(모른다).

すぐ来ますから(持ってきてください)。곧 올 테니까 (가져오세요).

私は行くんですが(彼は行かない)。저는 가지만 (그는 안 간다).

(5) 일본어와 한국어는 語의 文 중에서의 역할이 格助詞(case marker)로 나타낸다.

私は毎朝、新聞を読んでいます。저는 매일아침 신문을 읽고 있습니다.

姉は大学で日本語を専攻しています。누나는 대학에서 일본어를 전공하고 있습니다.

(6) 일본어와 한국어는 실질적인 의미를 나타내는 語에 부속적인 語를 첨가해서 문법상의 형식이 갖추어지는 언어이다.

研究(する) ＋させ＋られ＋はじめた。

연구(하다) ＋ 하게 ＋ 되기 ＋ 시작했다.

聞いて＋みて＋やって＋もらえる?

들어 ＋ 봐 ＋ 줄 ＋ 수 있니?

(7) 일본어와 한국어는 복문의 경우에도, 주절은 부사절 뒤에 놓이게 된다.

私が学校へ来たとき、彼女はもう学校にいた。

내가 학교에 왔을 때, 그녀는 이미 학교에 와 있었다.

When I got to school, She was already there.

(8) 일본어와 한국어의 조사는 영어와 달리 명사 뒤에 놓여져, 後置詞의 형태로 사용된다. 즉 조사나 조동사의 부속어(辞)는 체언이나 용언의 詞의 뒤에 붙어서 자립어(詞)의 기능을 돕는다.

私は 妻と 飛行機で ソウルへ 行った。

나는 아내와 비행기로 서울에 갔다.

I went to Seoul by airplane with my wife.

「妻 + と ： 아내 + 와 ： with + my wife」

「飛行機 + で ： 비행기 + 로 ： by + airplane」

「ソウル + へ ： 서울 + 에 ： to + Seoul」

4. 한국어와 공통적인 어휘적 특징

(1) 일본어와 한국어는 조사의 대응이 많고, 공통으로 사용하는 한자어가 많다.

「が : 이/가」 「と : 와/과」 「は : 은/는」 「を : 을/를」

「地域 : 지역/ちいき」 「経済 : 경제/けいざい」

「成長 : 성장/せいちょう」 「工業 : 공업/こうぎょう」

(2) 일본어와 한국어의 動詞成句는 거의 같은 범위에서 사용되고 있고, 관용구도 같은 표현방식을 가지고 있다.

「時間がかかる : 시간이 걸리다」

「気にかかる : 마음에 걸리다」 「罠にかかる : 덫에 걸리다」

「服がハンガーにかかっている : 옷이 옷걸이에 걸려 있다」

「電話がかかってきた：전화가 걸려 왔다」

「顔が広い：발이 넓다」 「手をつける：손을 대다」

「気が強い：기가 세다」 「頭が痛い：머리/골치가 아프다」

「目を引く：눈길을 끌다」 「目が離せない：눈을 뗄 수 없다」

「頭が固い：머리가 완고하다/융통성이 없다」

(3) 의성어와 의태어도 일본어와 한국어는 영어와 달리 같은 拍과 리듬을 가지는 語가 많다.

	牛	豚	犬	鶏
일본어 :	モーモー	ブーブー	ワンワン	コケコッコー
한국어 :	음메-음메-	꿀-꿀-	멍-멍-	꼬끼오
영 어 :	moo-moo	oink-oink	woof-woof	cocka-doodle-doo

(4) 일본어의 어휘는 1음절 「木(き), 手(て), 目(め)」나 2음절 「川(かわ), 足(あし), 山(やま)」의 語가 많고, 3음절 「頭(あたま)」「桜(さくら)」 이상의 語는 적다. 한국어의 어휘도 1음절 「강, 손, 눈」이나 2음절 「나무, 다리, 학교」의 語가 많다.

또 한일양언어는 동음어가 많고, 동사나 형용사 등 用言은 어미활용을 한다.

5. 한국어와 공통적인 담화레벨과 사회언어학적 특징

(1) 일본어와 한국어는 語의 생략(ellipsis)이 영어보다 자유롭다.

(私は) (昨日) (学生達と) 討論した。

(나는 어제 학생들과 토론했다)

そこで、話した内容はサークル活動の重要性についてである。

(거기서 말한 내용은 동아리활동의 중요성에 대한 것이다)

(2) 사회적인 습관에 의한 speech 스타일에 보통체와 공손체가 존재한다.

花子、ビールにする、それとも焼酎にする。

(하나꼬 맥주로 할 거야 아니면 소주로 할 거야)

真由美さんはコーラを飲みますか、それともジュースにしますか。

(마유미씨는 콜라를 마십니까? 아니면 주스를 마십니까?)

先生はコーヒーを召し上がりますか、それともソフトドリンクになさいますか。

(선생님은 커피를 드시겠습니까? 아니면 음료를 드시겠습니까?)

6. 한국어와의 차이점

(1) 일본어는 한국어에 비해 음운조직이 단순하다. 모음이 ア・イ・ウ・エ・オ 5종 밖에 없어서 자음과 모음이 결합되어 만들어지는 음절구조도 단순하다.

하나의 음절속에서 자음이 겹쳐지는 것이 없고, 자음으로 끝나는 음절이 없다.

学生 : 「がくせい」「ga ku se i」

学生 : 「학 생」「hak saeng」

(2) 고유의 일본어에는 ラ行音이나 탁음 · 반탁음으로 시작되는 語가 없었지만, 외래어의 영향으로 등장하기 시작했다.

「ラッパ, ロケット, データ, ピアノ」등은 외래어로서 차입된 것이다.

(3) 일본어의 액센트는 音의 강약이 아니라, 音의 고저로 구별하는 특징을 가져, 다음과 같은 액센트의 기능을 가진다.

1) 동음어의 식별기능 : 語의 의미를 변별해, 동음이의어를 구별한다.

はし(橋) → 「低高」형　　　はし(著) → 「高低」형

あめ(飴) → 「低高」형　　　あめ(雨) → 「高低」형

* 진한 부분을 높게 발음하고, 그 외는 낮게 발음한다.

2) 분절기능 : 語와 語의 끊김을 나타내는 역할을 한다.

ニ ワ(庭) に は ニ ワトリ(鶏) が いる.

3) 통어기능 : 語와 語를 통합시키고, 통어적 단위를 식별한다.

어디까지가 1語이고 1語句인지를 나타낸다.

ア サ(朝) → 「高低」형

ゴ ハン(御飯) → 「高低低」형

ア **サゴ** ハン(朝御飯) → 「低高高低低」형

に わと **りがいる** → 「高低低高高高高」로 읽으면 「2羽鳥がいる」의 의미

に **わとりがいる** → 「低高高高高高高」로 읽으면 「鶏がいる」의 의미

(4) 일본어는 남성어와 여성어의 차이가 존재하지만, 한국어는 차이가 거의 없다.

「ぼく/おれ/わし」는 男性語, 「あたし」는 女性語,

「あんた/おまえ/てめえ」는 모두 男性語로만 사용되고 있다.

(5) 한국어는 일본어보다도 회화체와 문서체의 차이가 현저한 언어이다.

「～ (誰々) に」: ～에게(문서체), ～한테(회화체)

「～ (誰々) と」: ～와/과(문서체), ～하고(회화체)

(6) 경어는 일본어가 内(우리) 와 外(상대방)의 개념으로 **상대경어**를 사용하고, 한국어가 나이와 직위를 염두 해둔 **절대경어**를 사용한다. 즉 일본어는 신분의 상하관계는 상대적으로 변하지만, 한국어는 절대로 바뀌지 않는다.

엄마 : はは(内)　　おかあさん(外)

형/오빠 : あに(内)　　おにいさん(外)

아이 : こども(内)　　おこさん(外)

할아버지 : そふ(内)　　おじいさん(外)

父がこう申しました。→ 아버지가 이렇게 말씀하셨습니다.

「お父さんがこうおっしゃいました」의 意味

私の母が家事をする。→ 우리 어머님께서 집안일을 하신다.

「お母様が家事をなさる」의 意味

(7) 한국어에 있어서 존경의 범주는 용언 이외에서는 일부의 명사에 인정된다.

「家」: 집 → 「お宅」: 댁　　「人」: 사람 → 「方」: 분

「名前」: 이름 → 「お名前」: 성함　　「歳」: 나이 → 「お歳」: 연세

「話」: 말 → 「お話」: 말씀　　「飯」: 밥 → 「ご飯」: 진지

(8) 친족명칭 · 직업 · 지위를 나타내는 명사에 일본어는 「様」를, 한국어는 접미사 「님」을 붙여 존경어를 만든다.

「父」: 아버지 → 「お父様」: ○○○아버님

「部長」: 부장 → 「○○部長様」: ○○○부장님

「支店長」: 지점장 → 「○○支店長様」: ○○○지점장님

「担当者」: 담당자 → 「人事部ご担当者様」: 인사부 담당자님

(9) 한국어는 가족이나 친족공동체를 우선시했던 조선문화의 영향으로 인해, 「우리(われわれ)」라는 개념이 강조되고, 친족명칭이 매우 발달되었다.

「우리 집」 「우리 마을」 「우리 회사」 「우리나라」

엄마형제 호칭: 이모, 이모부, 외삼촌, 외숙모, 이종사촌, 생질

아빠형제 호칭: 고모, 고모부, 사촌, 백부, 숙부, 당숙, 생질

처가의 호칭: 장인, 장모, 처남, 처제, 처형

시댁의 호칭: 시아버지, 시어머니, 아주버님, 동서, 형님, 도련님, 제수, 형수님

第2章　助詞

1. 조사의 문법적 분류
    - 1–1. 격조사
    - 1–2. 강조/부각 조사
    - 1–3. 접속조사
    - 1–4. 종조사
2. 조사의 표현적 분류
    - 2–1. 한정을 나타내는 조사차이
    - 2–2. 심한 정도, 강조를 나타내는 조사차이
    - 2–3. 약한 정도를 나타내는 조사차이
    - 2–4. 열거를 나타내는 조사차이
    - 2–5. 조사의 기능을 하는 화제제시표현
    - 2–6. 조사의 기능을 하는 다양한 표현

第2章　助詞

일본어 조사의 기능과 역할을 문법적으로 분류해 보고, 표현적으로 유사하게 쓰이는 조사들의 표현 차이를 알기 쉽게 정리해 보자.

1. 助詞의 문법적 분류

조사의 종류	접속, 역할	해당하는 조사
격조사	명사에 접속	が、を、の、に、へ、から、より、で、と 、まで
강조/부각조사	명사 등에 접속	は、も、こそ、さえ、でも、しか、だけ、ばかり のみ、まで、など、なんか、なんて、ほど、ぐらい
준체조사	명사 대신	の
병렬조사	語와 語를 연결	も、と、か、とか、や、 やら 、だの
접속조사	文과 文을 연결	と、ば、たら、なら、から、ので、けれども、 が、のに、ても(でも) 、ながら、たり、ものの
종조사	문절이나 文의 끝에 사용	や、な、ね(ねえ) 、さ、よ、よね か、かい、かな、な(なあ) 、わ、ぞ、ぜ、かしら の(こと、もの) 、て(で) 、とも

1-1. 格助詞

격조사는 주로 체언에 붙어 명사의 술어에 대한 격관계를 나타낸다.

(1)「が」

1) 동작, 변화, 상태의 주체

① 동작의 주체 : 学生が本を読む。 先生が授業を始める。

② 변화의 주체 : 雨が降る。 財布が落ちる。 花が咲く

③ 상태의 주체 : 目が赤い。 人が多い。 背が高い。

2) 상태술어의 대상

水が欲しい。りんごが食べたい。英語が上手だ。

緑色が好きだ。私はピアノが出来ない。

이 경우 술어에는 가능 · 소유 · 필요 · 감정의 의미를 나타내는 동사「できる できない わかる ある 要る」나, 형용사「上手だ 下手だ 必要だ 好きだ きらいだ 多い ほしい ~たい」등과, 가능동사가 사용된다.

※ 병렬조사나 준체조사 접속조사로 사용되는「が」와 혼동하지 마세요.

- 병렬조사나 준체조사로 사용되는 경우

ビールも好きだが、ワインも好きだ。(맥주도 좋아하지만 와인도 좋아한다)

牛肉も食べないが、豚肉も食べない。(소고기도 먹지 않지만, 돼지고기도 안 먹는다)

わが家(=私の家) がいい。(우리 집이 좋다)

- 접속조사로 사용되는 경우

– 역접이나 대비를 나타낸다.

走ったが、間に合わなかった。(뛰었지만 늦었다)

声をかけたが、来なかった。(말을 했는데 오지 않았다)

– 서두나 관용예를 나타낸다.

もしもし、田中ですが…。(여보세요. 다나카입니다만)

降ろうが降るまいが、構わない。(비가 오든 말든 상관없다)

(2)「を」

1) 동작/작용, 감정의 대상

物を落す。父は新聞を読んでいる。

字を書く。そろそろ会議をはじめます。

2) 이동 장소

歩道を歩く。坂道を下る。階段を上がる。

空を飛ぶ。橋を渡る。家を出る。車を降りる。

3) 경과하는 시간

楽しい一時を過ごす。(즐거운 한때를 보낸다)

夏休みをアメリカで過ごす。(여름방학을 미국에서 보낸다)

まる一日をテニスで楽しむ。(하루 종일을 테니스로 즐긴다)

4) 사역의미를 가지는 동작주체

父が息子を走らせた。(아빠가 아들을 달리게 했다)

部長が課長を行かせた。(부장이 과장을 가게 했다)

(3)「の」

1) 소유격으로 명사수식

소속관계 : 私の学校　　学校の建物

소유관계 : 先生のかばん　　私の机

인물관계 : 日本人の先生　　吉村さんのお兄さん

속성과 내용 : 歴史の本　　野菜のスープ

전체와 부분 : 冷蔵庫のドア　　来年の春

작성자 : ゴッホの絵　　森山さんの論文

동격 : イギリスの首都のロンドン　　私が部長の林です。

2) 주어문절

花見の人がむらがっている。(꽃구경하는 사람이 몰려있다)

目の大きい少女が立っている。(눈이 큰 소녀가 서있다)

父の書いた文書はりっぱだ。(아빠가 쓴 글은 훌륭하다)

(4)「に」

1) 존재/소재의 위치

駅の前に大学があります。(역 앞에 대학이 있습니다)

ロッテホテルに泊まっている。(롯데호텔에 머물고 있다)

図書館に朝日新聞がある。(도서관에 아사히신문이 있다)

2) 동작, 작용의 시간

私は毎夜、10時に寝ます。(나는 매일 밤10시에 잡니다)

5年前に彼女から金を借りた。(5년 전에 그녀한테 돈을 빌렸다)

「2015年、7月、13日、木曜日」와 같이 절대적인 시점은 「に」를 수반하지만, 「きょう、きのう、さっき、先月、来週、最近」과 같이 발화시점에 있어 상대적인 시점을 나타내는 것은 「に」를 수반하지 않는다.

彼は2014年に大学を卒業した。(그는 2014년에 대학을 졸업했다)

彼女は今日学校へ行かなかった。(그녀는 오늘 학교에 안 갔다)

그러나 일시(때)의 명사를 文頭에 두면, 「に」를 수반하지 않는다.

2014年、彼は大学を卒業した。(2014년 그는 대학을 졸업했다)

3) 동작의 일방적인 상대

私は先生に相談する。(나는 선생님에게 상담한다)

田中さんに聞きます。(다나카씨에게 물어봅니다)

父親に小遣いをもらいます。(아빠한테 용돈을 받습니다)

4) 목적

友人はつりに出かけた。(친구는 낚시하러 나갔다)

この薬は頭痛に効きます。(이약은 두통에 좋습니다)

来週、海水浴に行きます。(다음 주 해수욕하러 갑니다)

5) 목적장소 이동장소

8年前に富士山に登った。(8년 전에 후지산에 올랐다)

私のところに来てください。(제가 있는 곳으로 와주세요)

私達は目的地に到着した。(우리들은 목적지에 도착했다)

6) 수동/사역의 동작주

赤ちゃんにミルクを飲ませた。(아이에게 우유를 먹였다)

弟が大きい犬にかまれた。(남동생이 큰개에게 물렸다)

7) 범위/대상, 대상물

私は数字に弱い。(나는 숫자에 약하다)

花子は中村に冷たい。(하나꼬는 나카무라한테 차갑다)

彼女は文法に詳しい。(그녀는 문법에 대해 잘 안다)

범위나 대상에는「ほえる、泣きつく、逆らう、遠慮する、味方する、賛成する、努める、悩む、慣れる」등이 사용되고, 대상물에는「親切だ、冷たい、満足だ、熱心だ、強い、詳しい」등이 사용된다.

8) 원인

試験の結果に失望した。(시험결과에 실망했다)

彼らは寒さに震えました。(그들은 추위에 떨었습니다)

9) 변화의 결과

信号が赤に変わりました。(신호가 적색으로 바뀌었습니다)

すべてが失敗に終わった。(모두가 실패로 끝났다)

氷が溶けて水になった。(얼음이 녹아서 물이 되었다)

10) 반복이나 추가/열거

用心に用心を重ねる。(조심에 조심을 거듭한다)

パンにミルクに卵を食べた。(빵에 우유에 계란을 먹었다)

11) 상태나 선택/결정

髪を長めにのばす。(머리를 길게 늘어뜨린다)

私はコーヒーにする。(저는 커피로 하겠습니다)

12) 소유자, 비교의 기준

兄は父に似ている。(형은 아빠를 닮았다)

私には子供が3人ある。(나에게는 아이가 3명 있다)

彼は私にくらべて体が丈夫だ。(그는 나에 비해 몸이 튼튼하다)

(5)「へ」

1) 방향이나 목적지

私の方へ来てください。(제 쪽으로 와주세요)

この電車は京都へ向っている。(이 전차는 교토를 향하고 있다)

2) 귀착점

イギリスへ(=に) 午後3時に着く。(영국에 오후 3시에 도착한다)

向こうへ(=に) 着いたら、手紙をください。(거기 도착하면 편지주세요)

(6)「と」

1) 공동동작의 상대

母と買い物に出かける。(엄마와 쇼핑하러 나간다)

来年、彼女と結婚する。(내년에 그녀와 결혼한다)

2) 비교대상

その結果は以前と違う。(그 결과는 이전과 다르다)

この商品は実物と異なる。(이 상품은 실물과 다르다)

あれは本物と似ている。(저것은 진짜와 닮았다)

3) 변화의 결과

雪が雨となる。(눈이 비가 된다)

氷が水となる。(얼음이 물이 된다)

試合は延期となった。(시합은 연기되었다)

4) 인용

彼は「行く」と答えた。(그는 간다고 대답했다)

「危ない」と叫んだ。(위험하다고 소리쳤다)

外国へ行ったということだ。(외국에 갔다는 것이다)

(7)「で」

1) 동작이 행해지는 장소

図書館で勉強する。(도서관에서 공부한다)

会議は日本で開かれる。(회의는 일본에서 열린다)

公園で音楽会が開かれる。(공원에서 음악회가 열린다)

2) 수단, 도구

ボールペンでメモをする。(볼펜으로 메모를 한다)

パソコンで書類を作る。(컴퓨터로 서류를 만든다)

彼は自動車で通学する。(그는 자동차로 통학한다)

3) 재료

シャンプーで髪を洗う。(샴푸로 머리를 감는다)

試験の結果で判断する。(시험결과로 판단한다)

セーターは毛糸で編む。(스웨터는 털실로 짠다)

4) 원인, 이유

胃ガンで亡くなった。(위암으로 죽었다)

風邪で学校を休んだ。(감기로 학교를 쉬었다)

大雪で電車が止まった。(폭설로 전차가 멈추었다)

5) 범위, 한도

25人で募集を締め切る。(25명으로 모집을 마감한다)

父は来年で還暦を迎える。(아빠는 내년에 환갑을 맞이한다)

これは3つの点で間違っている。(이것은 3가지 점에서 틀렸다)

6) 양태(모습/모양)

3年間1人で暮らす。(3년간 혼자서 지낸다)

教室で大声で叫ぶ。(교실에서 큰소리로 떠든다)

7) 동작의 집단

その仕事は我われでやる。(그 일은 우리들이 한다)

これは皆で飲みましょう。(이것은 모두같이 마십시다)

後は私の方でやります。(나머지는 저희 쪽에서 하겠습니다)

8) 기준, 합계

二つで三千円だ。(두개해서 삼천 엔이다)

3枚で600円なら買います。(3장 600엔이면 사겠습니다)

(8)「から」

1) 시간, 기간의 기점

授業は明日から始まる。(수업은 내일부터 시작한다)

今日は9時から営業する。(오늘은 9시부터 영업한다)

子供の時から彼を知っている。(어릴 때부터 그를 알고 있다)

2) 장소의 기점

彼女の家から出た。(그녀의 집에서 나왔다)

海から離れている。(바다에서 떨어져 있다)

駅からタクシーで行った。(역에서 택시로 갔다)

3) 경유

窓から外に出た。(창문으로 밖에 나왔다)

前から乗って後ろから降りる。(앞에서 타고 뒤에서 내린다)

人が多かったので後ろから入った。(사람이 많아서 뒤로 들어갔다)

4) 동작주

彼にはあなたから伝えてください。(그에게는 당신이 전해 주세요)

私からお礼を言っておきます。(제가 감사함을 말해 두겠습니다)

彼女は皆から愛されている。(그녀는 모두한테 사랑받고 있다)

5) 원인, 이유, 판단의 근거

彼女の話しから判断する。(그녀의 말로 판단한다)

かぜから肺炎を引き起こす。(감기에서 폐렴을 발생시킨다)

不注意から事故を起こす。(부주의로부터 사고를 일으킨다)

6) 원료, 재료

お酒は米から作られる。(일본 청주는 쌀로 만들어진다)

塩は海水から取る。(소금은 바닷물로 채취한다)

ワインは葡萄から作られる。(와인은 포도로 만들어진다)

(9)「より」

1) 비교/선택의 대상

彼は私より金持ちだ。(그는 나보다 부자다)

今年の夏は去年より暑かった。(올여름은 작년보다 더웠다)

車で行くよりも地下鉄で行った方が早い。

(차로 가는 것보다도 지하철로 가는 쪽이 빠르다)

2) 기간, 장소의 기점

これより先は行き止まりだ。(여기부터 앞으로는 통행금지다)

3時より会議を始めます。(3시부터 회의를 시작합니다)

ただいまより卒業式を行ないます。(지금부터 졸업식을 거행합니다)

3) 한정 : 뒤에 부정의 語가 온다.

待つより仕方がない。(기다릴 수밖에 방법이 없다)

あきらめるより方法がない。(포기할 수밖에 방법이 없다)

試合に勝つには練習するよりほかはない。

(시합에서 이기려면 연습하는 방법밖에 없다)

(10)「まで」

1) 동작이나 사태가 끝나는 시간, 장소

係まで申し出る。(담당자한테 신청한다)

東京まで飛行機で行った。(도쿄까지 비행기로 갔다)

雨が止むまでここにいる。(비가 그칠 때까지 여기에 있다)

2)「から～まで」의 형태로 범위를 나타냄

火曜から木曜まで働く。(화요일부터 목요일까지 일한다)

家から学校まで歩いていく。(집에서 학교까지 걸어서 간다)

ここから空港まで2時間かかる。(여기서 공항까지 2시간 걸린다)

※ **格助詞**의 용법차이

(1)「に」:「と」

先生と相談する。→ 공동동작의 상대
先生に相談する。→ 일방적인 동작의 상대

友人の車はトラックとぶつかりました。→ 서로 달려와서 충돌했다.
友人の車はトラックにぶつかりました。→ 친구 쪽에서 트럭에 충돌했다.

友人は車を運転していて電柱に(×と)ぶつかりました。

花子は先生と会いました。→ 花子/先生 둘다 만나고 싶었을 때
花子は先生に会いました。→ 花子의 희망으로 만났을 때

年下の者と似ている。兄/姉は私と似ている。私は弟/妹と似ている。
年上の者に似ている。私は兄/姉に似ている。弟/妹は私に似ている。

(2)「で」:「から」

木で船を作る。→ 물리적변화 : 재료 · 원료가 제품형태로 남음
米から酒を造る。→ 화학적변화 : 재료 · 원료가 제품형태로 안 남음

お酒は米からつくる。→ 변화의 과정을 중시
お酒は米でつくる。→ 변화의 과정은 도외시

表情で精神状態を見分ける。→ 판단의 재료
表情から心の状態を推測する。→ 판단의 出所

花子は病気で、一週間仕事を休んだ。→ 일반적인 원인
つまらないことから、けんかになった。→ 사건의 出所

(3)「に」:「で」:「から」:「を」

人間関係で悩む。→ 일반적인 원인
人間関係に悩む。→ 일시적인 감정을 가지게 하는 원인

友達との関係に(×で)悩んだことがある。

5時に始まる/終わる。→ 동작이나 사건이 일어나는 시간
5時で終わる。→ 계속되던 동작종료, 기대/아쉬워하는 기분
5時から始まる。→ 계속하는 동작의 시작을 나타낸다.

子供が車道にいます。→ 존재의 장소
子供が車道で遊んでいます。→ 동작을 행하는 장소
子供が車道を歩いています。→ 통과하는 장소

(4) 기타

事務局に問い合せる。→ 동작을 향하는 상대
事務局まで問い合せる。→ 이동이 끝나는 장소

「まで」가 취하기 쉬운 동사가 있다.

:「申し出る/ 伝える/ 知らせる/ 連絡する/ 申し込む/ 請求する」

辞書を調べる。→ 동작의 대상
辞書で調べる。→ 수단이나 도구

私たちがやります。→ 동작의 주체
私たちでやります。→ 의지적인 동작의 주체

その本を8時まで読んだ。→ 동작 · 상태가 끝나는 시간을 나타낸다.
その本を8時までに読んだ。→ 동작의 기한, 마감의 시간을 나타낸다.

東へ行く。こちらへ来る。向こうへ帰る。→ 동작이 행해지는 방향
学校に行く。会社に来る。向こうに帰る。→ 동작의 도착점, 귀착점

「~へ行く」는 [東/西/南] [こちら/そちら/あちら/どちら] [向こう] → 방향중시

「~に行く」는 [入る/ 乗る/ 座る/ 書く/ 着く] → 도착점중시

飲み水に利用する。→ 용도나 목적의 의미가 관계할 때
飲み水として利用する。→ 자격, 신분, 역할, 기능의 의미를 가질 때

彼は非常勤講師として(の身分で)教えている。(그는 시간강사로서 가르치고 있다)

私は代表として(という資格で)あいさつした。(나는 대표자격으로 인사를 했다)

1-2. 강조/부각 조사

명사 등에 붙어 다양한 의미를 부여하고, 어떤 사항을 부각시키는 역할을 한다.

1-2-1. 提題助詞 : 「は」

1) 주제, 제목

東京は人口が多い。(도쿄는 인구가 많다)

富士山は姿が美しい。(후지산은 자태가 아름답다)

2) 대비

風は強いが、雨は降っていない。(바람은 강하지만 비는 안 온다)

日本語は上手だが、英語は下手だ。(일본어는 잘하지만 영어는 서투르다)

3) 정도의 상한/하한

あれは一万円はする。(저것은 만엔은 한다)

一人でもさびしくはない。(혼자서도 외롭지는 않다)

4) 인정과 불인정

あのテストはかなりできたけど、全部はできなかった。

(그 시험은 꽤 잘 쳤지만, 전부는 풀 수 없었다)

説明会に百人は来た。いや、百人は来なかった。

(설명회에 100명은 왔다. 아니 100명은 안 왔다)

1-2-2. 係助詞 : 「も・こそ・さえ・でも・しか」

(1) 「も」

1) 同質, 첨가

私も分かりません。(저도 모릅니다)

彼女はバイオリンも弾く。(그녀는 바이올린도 연주한다)

英語の他に日本語も話す。(영어외에 일본어도 말한다)

2) 병렬, 병립

昨年も今年も赤子だ。(작년도 올해도 적자다)

この頃は肉も野菜も高い。(요즘은 고기도 야채도 비싸다)

山も海も人でいっぱいだ。(산도 바다도 사람으로 가득하다)

3) 감동이나 표현을 부드럽게

娘も大人になったな。(딸도 어른이 되었구나)

夏休みもあと一週間だ。(여름방학도 일주일 남았다)

その件も私は知っています。(그 건도 저는 알고 있습니다)

4) 극단적인 예

少しも知らなかった。(조금도 몰랐다)

雪が3メートルも積った。(눈이 3m나 쌓였다)

忙しくて食事の時間もない。(바빠서 식사할 시간도 없다)

5) 다량을 시사

1時間も待たされた。(1시간이나 기다리게 되었다)

もう3キロも歩いたでしょうか。(벌써 3km나 걸었을까요)

6) 전면적인 부정

この頃、何もできない。(요즘 아무것도 할 수 없다)

彼女はいつも留守だ。(그녀는 언제나 부재중이다)

この事実はだれも知らない。(이 사실은 아무도 모른다)

(2)「こそ」

1) 특별강조 : 특히 어떤 사항을 내세우는 의미로 강조를 나타낸다.

今度こそ成功するだろう。(이번에야말로 성공할 것이다)

私は今年こそ結婚する。(나는 올해야 말로 결혼한다)

彼女こそ理想の人だ。(그녀야말로 이상형이다)

今年こそ必ず合格する。(올해야말로 반드시 합격한다)

2) 주제

君こそ、行け。(너야말로 가라)

ライオンこそ最も強い動物だ。(사자야말로 가장 강한 동물이다)

3) 일시적인 긍정 : 가정형 또는 「が、けれども」수반

痛みこそするが、歩くことはできる。(통증은 있지만 걷는 것은 가능하다)

苦しみこそあれ、決して楽しい毎日ではなかった。

(괴로움은 있었지, 결코 즐거운 나날은 아니었다)

(3)「さえ」

1) 의외성(기대 이하), 심한정도가 극단적

水さえ、のどを通らない。(물조차 넘기지 못한다)

この問題は子供さえ分かる。(이 문제는 애들조차 안다)

年を取ると、自分の年齢さえ忘れてしまう。

(나이 먹으면 자기 나이조차 잊어버린다)

その時は家賃さえ払えないほど貧しかった。

(그때는 월세조차 지불할 수 없을 정도로 가난했다)

「Nでさえ～」: N는 물론이고 다른 것도

これは子供でさえ分かる簡単な計算だ。(이것은 아이들조차 아는 간단한 계산이다)

2) 충분조건 : **「Nさえ～ば」**로 사용돼, N면 충분해서 다른 것은 필요/문제없다.

妻さえそばにいてくれれば、他には何も要らない。

(아내만 옆에 있어주면 다른 것은 아무것도 필요 없다)

それを見つけさえすればよい。(그것을 찾기만 하면 좋다)

水分さえあれば、サボテンは何ヵ月でも枯れない。

(수분만 있으면 선인장은 몇 개월이나 시들지 않는다)

3) 첨가 : 「そのうえに」와 같은 의미

風も強く、雨さえ降ってきた。(바람도 강하고 비조차 내렸다)

雨だけでなく、雷さえ鳴り出した。(비만아니라 천둥까지 울렸다)

暗いうえに、あかりさえついていない。(어두운데다 전등조차 없다)

(4)「でも」

1) 선택적 예시

お茶でも飲みませんか。(차라도 마시지 않겠습니까)

今度、食事でも行こう。(이번에 식사라도 가자)

歌でも歌って楽しく過ごそう。(노래라도 불러 즐겁게 보내자)

2) 역접조건

明日は雨でも行く。(내일은 비라도 간다)

何度やっても失敗する。(몇 번 해봐도 실패한다)

先生でも知らないことがある。(선생님이라도 모르는 것이 있다)

3) 전면적 긍정

いつでもおいでください。(언제라도 와주세요)

彼に言えば何でもしてくれる。(그에게 말하면 뭐든지 해준다)

うちの娘は誰とでもよく遊ぶ。(우리 딸은 누구와도 잘 논다)

(5)「しか」

1) 한정 : 부정의 의미를 강조한다.

これしかありません。(이것밖에 없습니다)

たった一つしかない。(단지 한 개밖에 없다)

音楽はクラシックしか聴かない。(음악은 클래식밖에 듣지 않는다)

2) 유일한 방법 : 다른 방법이 없다는 것을 나타낸다.

駅までは歩くしか方法がない。(역까지는 걷는 수밖에 길이 없다)

お前はもう彼女と結婚するしかないだろう。(너는 이제 그녀와 결혼할 수밖에 없을 것이다)

1-2-3. 副助詞 :「ばかり・まで・だけ・くらい/ぐらい・など/なんか/なんて・ほど」

(1)「ばかり」

1) 한정 : **「Nばかり(を) ～ている」**문형으로, 부정적인 가치판단

先週から雨ばかり降っている。(지난주부터 비만 오고 있다)

勉強しないでテレビばかり見ている。(공부안하고 TV만보고 있다)

ダイエットしているのに、甘い物ばかり(を)食べている。

(다이어트하고 있는데 단것만 먹고 있다)

2) 정도나 분량

約30分ばかり待った。(약 30분가량 기다렸다)

米は少しばかり残っている。(쌀은 조금정도 남았다)

五分ばかり立っていると、彼女がやってきた。(5분정도 서 있으니 그녀가 왔다)

3) 직전시점, 직후시점 : 「～{る/た/ない}**ばかりだ**」 문형으로 쓰임.

あとは出かけるばかりだ。(이제는 나가는 것뿐이다)

コーヒーを飲んだばかりだ。(커피를 마신 직후이다)

今、帰って来たばかりです。(지금 막 돌아온 직후입니다)

4) 첨가, 추가 : 「**～ばかりか**」「**～ばかりでなく**」 문형으로 쓰임

サッカーばかりでなく、野球も上手だ。(축구뿐만 아니라 야구도 잘한다)

英語ばかりか、中国語もできる。(영어뿐만 아니라 중국어도 할 수 있다)

5) 반복 : 「**～てばかりいる**」 문형으로 쓰임

会議中、寝てばかりいます。(회의 중 자고만 있습니다)

あの人は遊んでばかりいます。(저 사람은 놀고만 있습니다)

彼女は笑ってばかりいた。(그녀는 웃고만 있었다)

泣いてばかりいないでこっちに来なさい。(울고만 있지 말고 이쪽으로 오세요)

6) 원인, 이유 : 「**～ばかりに**」 문형으로 쓰임

腹を立てたばかりに損をした。(화낸 탓에 손해를 봤다)

お金がないばかりにバカにされた。(돈이 없는 탓에 바보취급 당했다)

ひとこと口を滑らしたばかりに命まで落とすことになった。

(말한 번 잘못한 탓에 목숨까지 잃게 되었다)

(2)「**まで**」

1) 한계, 극한

二十人まで乗れる。(20명까지 탈 수 있다)

下着までずぶぬれだ。(속옷까지 흠뻑 젖었다)

そんなことまで言う必要がない。(그런 것까지 말할 필요가 없다)

2) 도달점

雨が止むまでここにいる。(비가 그칠 때까지 여기에 있다)

地球から月までの距離。(지구부터 달까지의 거리)

月曜から木曜まで出張だ。(월요일부터 목요일까지 출장이다)

3) 정도 이하

考えるまでもないことだ。(생각할 것까지도 없는 일이다)

そんな話は断わるまでだ。(그런 얘기는 거절하면 끝이다)

いやなら行かないまでのことだ。(싫으면 안가면 되는 일이다)

(3)「**だけ**」

1) 한정, 한계

ボタンを押すだけです。(단추를 누르는 것뿐입니다)

歩くだけでもいい運動になる。(걷는 것만으로도 좋은 운동이 된다)

南側の部屋からだけ湖が見える。(남쪽 방에서만 호수가 보인다)

2) 정도(상한, 하한)

できるだけ努力する。(가능한 한 노력한다)

食べたいだけ取ってください。(먹고 싶은 만큼 가져가세요)

それだけわかれば、問題はない。(그것만 알면 문제는 없다)

3) 관용적표현

①「**すればするだけ**」: 비례의 가능성

食べたら食べただけ太る。(먹으면 먹은 만큼 살찐다)

練習すればするだけ上手になる。(연습하면 하는 만큼 능숙해진다)

古ければ古いだけで価値がある。(오래되면 오래된 만큼 가치가 있다)

②「**～だけあって**」: 플러스 평가의 당연한 이유

がんばっただけあって、成績が上がった。

(애쓴 만큼 보람이 있어서 성적이 올랐다)

若いだけあって、体力がある。(젊음이 있어서 체력이 있다)

彼は学者だけあって物知りだ。(그는 학자여서 잘 안다)

③「**〜だけのことはある**」: 강조의 가치를 나타냄

専門家だけのことはある。(전문가는 역시 다르다)

時間をかけただけのことはあって、この本はよくできている。

(시간을 들인 만큼 이 책은 잘되어 있다)

④「**〜だけに**」: 강조의 이유를 나타냄

期待していただけに、失望も大きい。(기대한 만큼 실망도 크다)

高級レストランだけに、ボーイのサービスが良い。

(고급레스토랑인 만큼 웨이터의 서비스가 좋다)

年を取っているだけに、父の病気は治りそうにない。

(연세가 많은 만큼 아빠의 병은 낫을 것 같지 않다)

⑤「**〜だけでなく**」: 추가를 나타냄

子供だけでなく、大人も楽めます。(아이뿐만 아니라 어른도 즐길 수 있습니다)

英語だけでなく、中国語もできる。(영어뿐만 아니라 중국어도 가능하다)

(4)「くらい/ぐらい」

1) 최저한

簡単なあいさつくらいは分かる。(간단한 인사정도는 안다)

呼ばれたら、返事ぐらいせよ。(호명되면 대답정도는 해라)

せめて基本的なルールくらい守ってほしい。

(적어도 기본적인 규칙정도는 지켰으면 한다)

2) 분량, 정도

15万人くらい集まった。(15만명 정도 모였다)

駅まで30分ぐらいかかる。(역까지 30분 정도 걸린다)

来週まで二回くらい 練習する予定です。(다음 주까지 두 번 정도 연습할 예정입니다)

3) 예시나 비유

親指ぐらいの大きさ。(엄지손가락 정도의 크기)

ネコの額くらいの広さ。(손바닥만 한 넓이)

お茶ぐらい飲んで行きませんか。(차라도 마시고 안갑니까)

4) 대수롭지 않다는 화자의 판단

風邪ぐらい何でもありません。(감기정도 아무것도 아닙니다)

もう一人ぐらい乗れるでしょう。(한명정도 더 탈수 있지요)

おれにぐらい見せてよいだろう。(내게 정도 보여줘도 좋겠지)

5) 관용적표현

① **「Nぐらい～はない」**: 최고의 한도를 나타냄

彼女ぐらい純情な娘はいない。(그녀만큼 순수한 딸은 없다)

金剛山ぐらいきれいな山はない。(금강산만큼 멋진 산은 없다)

② **「～ぐらいなら(ば)～ないほうがいい」**: 강조를 나타냄

負けるぐらいなら、勝負しないほうがいい。

(패배할 정도라면 승부하지 않는 게 좋다)

途中で止めるくらいなら、やらないほうがましだ。

(도중에 그만 둘 거라면 하지 않는 게 낫다)

(5) **「など/なんか/なんて」**: 「なんか」와 「なんて」는 口語的

1) 부정적 평가, 경멸

私がうそなどつくものですか。(제가 거짓말 따위 하겠습니까)

音楽なんかは私には分からない。(음악 따위는 난 모른다)

「女だから」なんて、人を馬鹿にしている。(여자니까 라니 사람을 바보취급하고 있다)

2) 부드러움, 겸손

私のことなども時々は思い出してほしい。(저따위도 가끔은 생각해줬으면 한다)

私のことなどどうぞご心配なく。(저따위는 부디 걱정마세요)

私の妹などお役に立ちません。(제동생 따위 도움 안 됩니다)

3) 대표예

映画など見ませんか。(영화라도 보지 않겠습니까)

国会などで問題になった。(국회 등에서 문제가 되었다)

ホテルや病院なんかは日曜でも休めない。

(호텔이나 병원 등은 일요일에도 쉴 수 없다)

4) 인용, 완곡

彼は死ぬなども言っている。(그는 죽는다고 말했다)

なぜあんな所に行きたいなどと言ったの。

(왜 저런 곳에 가고 싶다고 말하는 걸까요)

(6)「ほど」

1) 정도의 비교

昨日ほどは寒くない。(어제 만큼은 춥지 않다)

離婚は結婚ほど簡単ではない。(이혼은 결혼처럼 간단하지 않다)

食べ物は多過ぎて余るほどだ。(음식은 너무 많아서 남을 정도다)

インドは中国ほど人が多くない。(인도는 중국만큼 인구가 많지 않다)

2) 시간적 · 공간적 범위

待つほどもなく彼は現われた。(기다릴 틈도 없이 그는 나타났다)

大学までは一時間ほどかかる。(대학까지는 1시간정도 걸린다)

車に乗るほど遠くはない。(차를 탈 정도로 멀지는 않다)

3) 가치, 분수

身のほどを知らない。(자기분수를 모른다)

財産というほどのものはない。(재산이라 할 것 까지는 없다)

4) 관용적인 표현

① **「～すればするほど」**: 비례를 나타냄

読めば読むほどおもしろい。(읽으면 읽을수록 재미있다)

計画は考えれば考えるほど決められなくなる。

(계획은 생각하면 생각할수록 결정할 수 없게 된다)

② **「～ほど～(こと) はない」**: 최상급을 나타냄

日本ほど面白い国はない。(일본처럼 재미있는 나라는 없다)

これほどうれしいことはない。(이처럼 기쁜 일은 없다)

子供に死なれるほど悲しいことはない。(자식을 잃는 것만큼 슬픈 일은 없다)

※ **係助詞/副助詞**의 용법차이

(1) **「だけ」:「しか」**

1) 조수사와 함께 사용될 경우

「だけ」: 수량에 한도, 제한이 있는 경우

外国から無税で持ち込めるお酒は2本だけです。

(외국에서 무관세로 가져올 수 있는 술은 2병뿐입니다)

「しか」: 수량이 부족하다/불충분하다와 일반적으로 적다는 것을 나타냄.

昨日は3時間しか勉強しませんでした。(어제는 3시간밖에 공부하지 못했습니다)

A：お子さんが何人いますか。(자녀가 몇 명입니까?)

B：うちは一人しかいません。(저희는 1명밖에 없습니다)

2) 명사와 함께 사용될 경우

「だけ」: 그것을 한정한다.

山田さんだけまだ来ていません。(山田씨만 아직 안 왔습니다)

「しか」: 그것 이외에는 없다.

私は日本語しか話せない。(나는 일본어밖에 말할 수 없다)

(2) 의외성을 나타내는 **「まで」:「さえ」**

1) 추가의 의미가 강한 경우, 「まで」는 가능, 「さえ」는 불가능

てんぷらの他に、ステーキまで(?さえ) 食べてしまった。

(튀김 외에 스테이크까지 먹어버렸다)

2) 예상외로 기대이상일 경우, 일반적으로 「まで」가 사용된다.

あの選手は優秀で、全国大会の決勝にまで(?さえ)勝ち残った。

(그 선수는 우수해서 전국대회 결승까지 진출했다)

3) 예상외로 기대이하일 경우, 일반적으로 「さえ」가 사용된다.

あの選手は不調で、予選にさえ(?まで) 勝ち残れなかった。

(그 선수는 부진해서 예선조차 진출할 수 없었다)

(3) 그 밖의 차이

ほど : 보통이상의 정도, 감탄의 의식

彼ほどの人なら成功する。(그 사람이라면 성공한다)

くらい : 보통이하의 정도, 경시의 의식

それくらいの事ではだめだ。(그 정도 일로는 안 된다)

ごろ : 시각 날짜 년월 등의 語에 붙어, 대강의 시간을 나타냄.

3時頃　今年の5月8日頃　来月の下旬頃　秋の始め頃

くらい : 시간, 기간, 조수사에 붙어서 대강의 수량을 나타냄.

7時間ぐらい　10個月ぐらい　8年間ぐらい　6人ぐらい　3杯ぐらい

君の意見こそ間違っている。(자네 의견이야말로 틀렸다) : 특별강조

君の意見など間違っている。(자네 의견 따위 틀렸다) : 부정적강조

疲れた時に難しい本など(なんか/なんて/なんぞ)読みたくない。

(피곤할 때 어려운 책 따위 읽고 싶지 않다)

新聞だけを読む。: 추가의 부정(다른 것은 곁들이지 않는다)

明日は君だけ来なさい。(내일은 자네만 오세요)

新聞ばかりを読む。(항상 新聞이다) : 부정적 가치판단

職場の先輩はみんないい人ばかりだ。(직장 선배는 모두 좋은 사람뿐이다)

新聞しか読まない。(신문밖에 읽지 않는다) : 뒤에 반드시 부정

「のみ」는 「だけ」보다 문장어적인 딱딱한 느낌.

注射だけで治る。(주사만으로 낫는다) : 주사만으로 낫기 때문에 다른 방법은 불필요

注射でだけ治る。(주사로만 낫는다) : 주사 이외의 다른 수단으로는 낫지 않는다.

日本語は話せるけど、英語は話せない。:「が」 대신에 사용되는 경우

(일본어는 말할 수 있지만 영어는 말할 수 없다)

富士山はここからが一番よく見える。: 다른 곳이 아닌 [여기]

(후지산은 여기부터가 가장 잘 보인다)

私だって、彼に負けないように頑張るぞ。:「も」나 「でも」에 가까운 의미

(나도 그에게 지지 않으려고 노력하자)

1-3. 接続助詞

語와 語, 문절과 문절을 접속하거나, 전후의 문절을 연결해 주는 역할을 한다.

1-3-1. 가정의 순접

(1)「と」

1) 습관적, 자연발생적인 관계 : 전건이 발생하면 동시에 후건이 발생

春になると、花がさく。(봄이 오면 꽃이 핀다)

冬になると、雪が積もる。(겨울이 되면 눈이 쌓인다)

朝起きると、お水を飲む。(아침에 일어나면 물을 마신다)

2) 발견

窓を開けると、海が見えた。(창문을 열자 바다가 보였다)

ドアを開けると、彼が立っていた。(문을 열자 그가 서있었다)

トンネルを通り抜けると、そこは雪国だった。(터널을 빠져나가자 거기는 설국이었다)

3) 필연의 결과

勉強しないと落ちる。(공부하지 않으면 떨어진다)

無理をすると、病気になる。(무리를 하면 병에 걸린다)

走っていくと、10分ぐらいかかる。(달려가면 10분정도 걸린다)

4) 계기

夜になると、寒くなってきた。(밤이 되자 추워졌다)

カメラを向けると、皆にこにこした。(카메라를 대자 모두 싱글벙글 웃었다)

私が帰ると、子供が飛び出してきた。(내가 귀가하자 아이가 뛰어나왔다)

5) 의지

行こうと行くまいと、かまわない。(가든 말든 상관없다)

なんと言われようと、私は平気だ。(뭐라 말하든 난 상관없다)

雨が降ろうと雪が降ろうと出かける。(비가오든 눈이 오든 나간다)

(2)「たら」

1) 실현완료의 가정 : 전건완료 가정 후 후건이 발생

家に着いたら、電話してください。(집에 도착하면 전화주세요)

8月になったら、スイスへ行こう。(8월이 되면 스위스에 가자)

お金が余ったら、銀行にいれてください。(돈이 남았으면 은행에 넣어주세요)

2) 발견

家に帰ったら、宅配が来ていた。(집에 돌아가자 택배가 와있었다)

ドアを開けたら、母が倒れていた。(문을 열자 엄마가 쓰러져 있었다)

駅に着いたら、友達はもう迎えに来ていた。(역에 도착하자 친구는 이미 마중 나와 있었다)

3) 계기

電気がついたら、明るくなった。(불이 켜지자 밝아졌다)

薬を飲んだら、だいぶ良くなった。(약을 먹었더니 많이 좋아졌다)

餌をやったら、犬は喜んで食べた。(먹이를 주자 개는 기뻐하며 먹었다)

(3)「なら」

1) 가정에 대한 입장표명

あなたが行くなら、私も行くわ。(당신이 가면 나도 갈 거야)

忙しいんなら、また後でかけなおすよ。(바쁘면 나중에 또 다시 걸게)

その仕事なら、もうやりたくありません。(그 일이라면 이제 하고 싶지 않습니다)

2) 화제의 제시

雨なら、今日の試合は中止だ。(비면 오늘 시합은 중지다)

パソコンなら、秋葉原が安いよ。(컴퓨터라면 아키하바라가 싸요)

家賃なら、昨日銀行に振り込んだよ。(집세라면 어제 은행에 이체했어요)

3) 병렬

銀座が東京の中心なら、心斎橋は大阪の中心だ。

(긴자가 도쿄의 중심이라면, 신사이바시는 오사카의 중심이다)

赤ワインが健康にいいなら、日本酒は美容にいい。

(적색와인이 건강에 좋으면 니혼슈(일본 청주)는 미용에 좋다)

(4)「ば」

1) 예상되는 결과

大人になれば、分かるでしょう。(어른이 되면 알겠지요)

冬になれば、もっと寒くなるだろう。(겨울이 되면 더 추워지겠지)

営業時間を伸ばせば、売り上げが上がると思う。

(영업시간을 늘리면 매상이 오른다고 생각한다)

2) 어떤 제한

時間があれば、手伝ってよ。(시간이 있으면 도와줘요)

やる気があれば、成功する。(할 마음이 있으면 성공한다)

スイッチを入れれば、すぐ使えます。(스위치를 켜면 바로 사용할 수 있습니다)

3) 병렬

馬もいれば、牛もいる。(말도 있으면 소도 있다)

子供もいれば、大人もいる。(아이도 있으면 어른도 있다)

金持ちもいれば、貧乏人もいる。(부자도 있고 가난뱅이도 있다)

1–3–2. 가정의 역접

(1)「ても」

1) 구속받지 않는 조건

雨が降っても出発する。(비가와도 출발한다)

仕事が多くてもがまんしよう。(일이 많아도 인내하자)

いくら苦しくても、ぼくはがんばります。(아무리 괴로워도 저는 노력하겠습니다)

2) 대비 : 전건을 수많이 했는데도 후건이 성립하지 않는다.

この本は何回読んでも分からない。(이 책은 몇 번 읽어도 모른다)

いくら呼んでも、返事はなかった。(아무리 불러도 대답은 없었다)

いくらダイエットしても、やせない。(아무리 다이어트해도 살이 안 빠진다)

(2)「ところで」: 「～たところで(～했다 하더라도)」의 형태로 사용

歩いたところで、五分で行ける。(걸어가 봤자 5분이면 갈수 있다)

薬を飲んだところで、治らないでしょう。(약을 먹어봐야 안 낫겠지요)

謝ったところで、許してはくれないでしょう。(사과해 봤자 용서해 주지 않을 것이다)

今から行ったところで、間に合わないだろう。(지금부터 가봐야 시간에 대지 못할 것이다)

1-3-3. 확정의 순접

(1)「ので」: 객관적인 표현

1) 자연적인 인과관계, 현실상황의 사정설명

彼は今日病気なので、学校を休んでいます。(그는 오늘 아파서 학교를 쉬었습니다)

運動会は雨が降ったので、中止になった。 (운동회는 비가 와서 중지되었다)

ドルが高いので、海外旅行はやめました。 (달러가 비싸서 해외여행은 취소했습니다)

2) 전건을 이유로, 온화한 의뢰나 권유, 명령이 후건에 나타낸다.

あぶないので、気をつけてください。(위험하므로 주의해 주세요)

3)「ます、ません、ました、ませんでした、ています、ていません」술어사용

フランス語で話しましたので、よく分りませんでした。(프랑스어로 말해서 잘 몰랐습니다)

(2)「から」: 주관적인 표현

1) 話者의 의지나 생각, 청자에게 이해받고 싶을 때

星が出ているから、あすもいい天気でしょう。(별이 떴으니까 내일도 날씨가 좋겠지요)

今日頭が痛いから、早く帰ろうと思っています。

(오늘 머리가 아파서 일찍 귀가하려고 생각합니다)

今日は忙しいから、約束はできません。(오늘은 바쁘니까 약속은 할 수 없습니다)

2) 후건에 강한 명령 · 권유를 나타낼 때,

「～のだから, ～からは, ～からこそ」의 형태로 사용된다.

明日旅行に行くのだから、今日中に宿題をすませなさい。

(내일 여행가니까 오늘 중으로 숙제를 마치세요)

3) 「～からです」의 형태로 술어에 사용된다.

それは君が悪いからです。(그것은 네가 나쁘기 때문입니다)

※ 의뢰나 금지의 내용을 전할 경우, 「から」를 사용하면 화자의 생각이나 의지가 강해지기 때문에 청자에게 반감을 가지게 할 염려가 있다.

1–3–4. 확정의 역접

(1) 「のに」「にも関わらず」

1) 전건과 후건이 강하게 충돌하는 조건

雨天にもかかわらず、外出する。(비인데도 불구하고 외출한다)

彼は何にも知らないのに、知ったふりをする。(그는 아무것도 모르는데도 아는 척한다)

2) 불만이나 서운함

あるのに、ないという。(있는데도 없다고 한다)

まだ早いのに、もう帰るのですか。(아직 이른데 벌써 돌아갑니까)

(2) 「が」「けれども」

1) 거절이나 양해적인 조건

前に読んだことはあるけれども、よく覚えていませんね。

(전에 읽은 적은 있지만 기억이 잘 안 나네요)

雨が降っているけれど、出かけよう。(비가 오고 있지만 나가자)

2) 대비

よくできるが、体が弱い。(잘하지만 체력이 약하다)

金もないけれども、ひまもない。(돈도 없지만 여유도 없다)

夏は日が長いけれど、冬は短い。(여름은 해가 길지만 겨울은 짧다)

3) 서두

すみませんけれど、道を教えてください。(미안하지만 길을 가르쳐주세요)

雨は降ったが、少しだった。(비는 왔지만 조금이었다)

その話ですが、私も聞きました。(그 얘기지만 저도 들었습니다)

(3)「ものの」

待ったものの、誰も来ない。(기다렸지만 아무도 오지 않는다)

そうは言うものの、実行しない。(그렇게 말하지만 실행 안한다)

昼は暖かなものの、夜は寒い。(낮에는 따뜻하지만 밤에는 춥다)

1–3–4. 기타

(1)「ながら」

1) 동시동작, 동시열거

音楽を聞きながら勉強する。(음악을 들으면서 공부한다)

テレビを見ながらご飯を食べる。(TV를 보면서 밥을 먹는다)

にこにこ笑いながら話した。(싱글벙글 웃으며 얘기했다)

2) 역접 :「~にもかかわらず」와 같은 意味이다.

悪いと知りながら、改めない。(나쁘다고 알면서 안 고친다)

体は小さいながら、力がある。(몸은 작으면서 힘이 있다)

知っていながら、知らんぶりする。(알고 있으면서 모른 채한다)

3) 存続, 전부

昔ながらのしきたり。(예전 그대로의 관습)

兄弟三人ながら天才だ。(형제 3명 모두 천재다)

(2)「たり/だり」

1) 병렬, 반복

食べたり飲んだりする。(먹기도 마시기도 한다)

笑ったり泣いたりする。(울기도 웃기도 한다)

今日は晴れたり曇ったりです。(오늘은 맑거나 구름이거나 합니다)

2) 예시

悪口をいったりするな。(욕하거나 하지마라)

日曜日は山へ登ったりします。(일요일은 산에 오르기도 합니다)

(3)「し」

1) 상반열거

夏は暑いし、冬は寒い。(여름은 덥고 겨울은 춥다)

旅行に行きたいし, 服も買いたい。(여행 가고 싶고 옷도 사고 싶다)

2) 공존열거

何も食べないし、飲まない。(아무것도 안 먹고 안 마신다)

掃除もしたし、洗濯もした。(청소도 했고 빨래도 했다)

彼女はきれいだし、やさしい。(그녀는 예쁘고 상냥하다)

1-4. 終助詞

종조사는 문말 등에 사용되어, 의문 금지 감동 등 여러 의미를 더해 주거나, 話者의 기분을 나타내는 역할을 하고, 현저한 남녀차이가 보인다.

(1) 단정, 주장을 나타내는 것 :「さ」

「**さ**」는 주로 남성들이 사용한다.

私はどうせばかな男さ。(나는 어차피 바보남이야)

心配することはないさ。(걱정할 일은 없어)

(2) 의문을 나타내는 것 :「か, かい, かな, かなあ, かしら, の」

「**かな**」「**かなあ**」는 의문을 혼자 말하거나 부드러운 질문에 사용한다.

まだ来ていないかな。(아직 안 왔나?)

これ、誰の傘かなあ。(이거 누구 우산이지?)

「**かしら**」는 주로 여성들이 사용한다.

あれでいいかしら。(그것으로 좋을지 몰라)

この水、飲めるかしら。(이물 마실 수 있을지 몰라)

「**か**」는 누구나, 「**かい**」는 남성, 「**の**」는 여성들이 사용한다.

あれは何ですか。(저것은 무엇입니까)

そんなことがあるかい。(그런 일이 있나?)

そんなに行きたいの。(그렇게 가고 싶어?)

(3) 확인이나 동의을 나타내는 것 : 「ね, よね, な」

「ね」는 동의를 구하거나, 확인할 때 사용한다.

今日はいい天気ですね。(오늘은 좋은 날씨네요)

あの日は楽しかったですね。(그 날은 즐거웠지요)

「よね」는 재확인하거나, 확인할 때 사용한다.

ここの地域番号は043ですよね。(여기 지역번호는 043이지요)

これ、吉村さんのですよね。(이거 요시무라씨 것이지요)

★ **「よ」「ね」「よね」**의 차이

A : これ、おいしいですよ。林さんもいかがですか。→ 정보전달

(이거 맛있어요. 하야시씨도 어떻습니까)

B : ありがとうございます。あ、本当においしいですね。→ 동의/공감

(고맙습니다. 어 정말로 맛있네요)

A : ミーティングは明日の午後2時からですよね。→ 확인

(미팅은 내일 오후 2시부터지요)

B : いえ、午後1時からですよ。→ 주의환기

(아뇨 오후 1시부터 예요)

(4) 通知나 알림을 나타내는 것 : 「よ, ぞ, ぜ」

「よ」는 상대방이 모르는 것을 전해, 주의를 환기시키는 역할을 한다.

これ、おいしいですよ。(이거 맛있어요)

早く行かないと、遅刻するよ。(빨리 가지 않으면 지각해요)

「ぞ」「ぜ」는 주로 남성들이 통지할 때 사용한다.

今日はまけないぞ。(오늘은 안 진다)

早く出かけようぜ。(빨리 외출하자)

(5) 감탄을 나타내는 것 : 「な, なあ, わ, や」

「な」「なあ」는 감상을 혼잣말로 말할 때 주로 사용한다.

彼女、本当にいい人だなあ。(그녀, 정말 좋은 사람이구나)

ああ、嬉しいな。(아아 기쁘구나)

「わ」는 여성, **「や」**는 남성들이 사용한다.

まあ、おどろいたわ。(정말 놀랐어요)

この景色は本当にすばらしいや。(이 경치는 정말 멋지네)

(6) 기억의 확인을 나타내는 것 : 「っけ」

「っけ」주로 잊어버린 것을 생각해내는 질문에 사용한다.

これ、なんていう花でしたっけ。(이거 뭐라는 꽃이었지?)

授業は何時からだったっけ。(수업은 몇 시부터였지?)

(7) 금지, 명령을 나타내는 것 : **「な」**

あそこへ行くな。(저기에 가지마라)

この失敗は決して忘れるな。(이 실패는 결코 잊지 말아라)

(8) 종조사에 준하는 것 : **「なさい」「って」「っと」**

おやすみなさい。(안녕히 계세요)

もう帰ろうっと。(벌써 돌아가자고?)

妹も行きたいって。(여동생도 가고 싶다고 하네)

2. 助詞의 표현적 분류

2-1. 한정을 나타내는 조사차이

「だけ」: 한정

「ばかり」: 같은 것이 많아 나쁜 이미지

「さえ」: 필요충분조건

「しか」: 다른 방법이 없다고 강조

妻にだけは本当のことを言おう。(아내에게만은 사실을 말하자)

参加できるのは学生だけだ。(참가 가능한 것은 학생뿐이다)

彼の言うことは嘘ばかりだ。(그가 말하는 것은 거짓뿐이다)

友人は失敗ばかりしている。(친구는 실패만하고 있다)

暇さえあればテニスをやっている。(시간만 있으면 테니스한다)

体さえ丈夫なら心配はいらない。(몸만 건강하면 걱정은 필요 없다)

一人で頑張るしかない。(혼자서 분발할 수밖에 없다)

この病気を治す方法は手術しかない。(이 병을 치료하는 방법은 수술밖에 없다)

2-2. 심한 정도, 강조을 나타내는 조사차이

「こそ」: 긍정적 느낌강조　「だけ」: 심한 정도, 최대한

「も」: 보통이 아닌 정도　「まで」: 추가강조

「さえ」: 극단적 상황

今年こそ必ずたばこをやめる。(올해야말로 반드시 담배를 끊는다)

これこそ私が探している味だ。(이거야말로 내가 찾고 있는 맛이다)

大学まで毎日1時間もかかる。(대학까지 매일 1시간이나 걸린다)

忙しくて昼ご飯を食べる時間もない。(바빠서 점심 먹을 시간도 없다)

好きな物を食べたいだけ食べる。(좋아하는 것을 먹고 싶은 만큼 먹는다)

あれだけ練習したのに勝てなかった。(그만큼 연습했는데도 이길 수 없었다)

徹夜までしてレポートを書いた。(철야까지 해서 리포트를 썼다)

風が強くなった。雨まで降ってきた。(바람이 강해졌다. 비까지 내렸다)

この頃は日曜日さえ休めない。(요즘은 일요일조차 쉴 수 없다)

こんなまずいもの、犬さえ食べないよ。(이런 맛없는 것 개조차 안 먹어요)

2-3. 약한 정도를 나타내는 조사차이

「**しか**」: 적다는 느낌

「**でも**」: 가벼운 제안/의지/희망

「**など/なんか/なんて**」: 안 중요하다/싫다는 느낌

「**くらい/ぐらい**」: 가벼운 정도, 최소한

昨日は3時間しか寝られなかった。(어제는 3시간밖에 잘 수 없었다)

家から駅まで5分しかかからない。(집에서 역까지 5분밖에 안 걸린다)

あの人の顔など見たくない。(그 사람 얼굴 따위 보고 싶지 않다)

まだ結婚なんかしたくない。(아직 결혼 따위 하고 싶지 않다)

午後、映画でも見ましょう。(오후에 영화라도 봅시다)

コーヒーでも飲みませんか。(커피라도 안마시겠습니까)

給料がちょっとくらい少ない。(월급이 약간 정도 적다)

少しぐらい遅く行っても大丈夫だ。(조금정도 늦게 가도 괜찮다)

2-4. 열거를 나타내는 조사차이

「**~や~や**」: 3가지 이상을 열거할 때

「**~やら~やら**」: 색이나 모습, 감정 등을 열거할 때

「**~も~も**」: 구체적으로 열거할 때

「**~とか~とか(して)**」: 예를 들어 열거할 때

「～だの～だの」: 불만을 열거하고 싶을 때

「～にしても～にしても」: 여러 경우를 열거하고 싶을 때

桜の木や梅の木や松の木などがある。(벚나무나 매화나무나 소나무 등이 있다)

土曜日にも日曜日にも仕事がある。(토요일에도 일요일에도 일이 있다)

彼女はキムチとかカレーとかの辛いものが好きです。

(그녀는 김치나 카레 같은 매운 것을 좋아합니다)

この魚は煮るとか焼くとかして、火を通してから食べてください。

(이 생선은 익히거나 굽거나 해서 가열해서 드세요)

私は嬉しいやら悲しいやら何とも複雑な気持ちだった。

(나는 기쁘기도 하고 슬프기도 해서 왠지 복잡한 기분이었다)

家の前は赤やら黄色やら色とりどりの花でいっぱいた。

(집 앞에는 빨강이랑 노랑이랑 형형색색의 꽃으로 가득하다)

その時は嬉しいやら恥ずかしいやらで、うまく話ができなかった。

(그때는 기쁘기도 하고 부끄럽기도 해서 말을 잘할 수 없었다)

祭りの後は紙くずだの缶だのがいっぱいだった。

(축제 후는 휴지조각이나 캔 등이 가득했다)

疲れただの眠いだのと言っていないで、早く宿題しなさい。

(피곤하다거나 졸리다거나 하지 말고 빨리 숙제하세요)

お茶を持って来いだの、机の上を片付けろだの、うるさくてしようがない。

(차를 가져와라든가, 책상위를 정리해라든가 시끄러워서 견딜 수 없다)

ドラマにしても小説にしても私は時代物の方が好きだ。

(드라마나 소설이나 나는 역사물을 좋아한다)

水曜日にしても金曜日にしても、店は予約がいっぱいなんです。

(수요일이나 금요일이나 가게는 예약이 꽉 찼습니다)

2-5. 조사의 기능을 하는 화제제시표현

(1) 설명하기 위해 화제제시

「~といえば」「~というと」「~といったら」: 어떤 화제에서 연상되는 것을 진술할 때

引っ越しといえば、私も来年は引っ越そうと思っている。

(이사라면 나도 내년은 이사하려고 생각한다)

スペインというと、すぐフラメンコが心に浮かぶ。

(스페인하면 바로 플라멩코가 가슴에 떠오른다)

北海道といったら、どんなことを思い出しますか。(홋카이도하면 어떤 것을 떠올립니까?)

「~と(いうの)は」: 「~のことだ」「~ということだ」를 수반해, 의미 정의나 설명할 때

パソコンというのは、パーソナルコンピューターのことだ。

(パソコン이라함은 퍼스널컴퓨터를 말한다)

「足が出た」というのは予算がオーバーしたという意味です。

(足が出た라는 것은 예산이 오버했다는 의미입니다)

彼女が「少し遅くなる」というのは、1時間は遅れるということだ。

(그녀가 조금 늦는다함은 1시간은 늦는다는 것이다)

「~なら」: 화제를 내세우거나 화제 범위를 한정할 때

お金のことなら、心配しなくてもいいですよ。

(돈이라면 걱정하지 않아도 좋아요)

カキ料理なら広島が本場だ。(굴 요리라면 히로시마가 본고장이다)

ストレス解消ならテニスに限る。(스트레스해소라면 테니스에 한한다)

「~はというと」: 비교해서 다르다는 것을 제시할 때

魚料理が好きであるが、肉料理はというとかなり好き嫌いがある。

(생선요리를 좋아하지만 고기요리라면 꽤 호불호가 있다)

外国の映画はよく見るが、国内の映画はというとあまり興味がない。

(외국영화는 잘 보지만 국내영화라면 그다지 흥미가 없다)

彼の小説はみんな面白かったが、最新作はというと期待はずれだった。

(그의 소설은 모두 재미있었지만 최신작이라면 기대를 벗어났다)

(2) 느낌을 말하기 위해 화제제시

「~といったら」: 비유해서 느낌을 강조할 때

彼女の泳ぎ方のうまさといったら、まるで魚のようだ。

(그녀의 수영법의 능숙함이라 하면 마치 물고기 같다)

優勝したときの嬉しさといったら、今でも忘れられない。

(우승했을 때의 환희라 함은 지금도 잊을 수 없다)

5年ぶりに会った彼の変わり方といったら、別人かと思ったほどだ。

(5년만에 만난 그의 변한 모습은 다른 사람이라 여길 정도다)

「~に限(かぎ)って」: 특별한 느낌을 화제로 삼을 때

私が旅行する日に限って雨が降る。(내가 여행하는 날에 한해 비가 온다)

あの子に限ってうそは言わないと思っていた。

(그 아이에 한해 거짓말은 안한다고 여기고 있었다)

急いでいるときに限ってタクシーがつかまらない。

(서두르고 있을 때에 한해 택시가 잡히지 않는다)

「~にかけては」: 어떤 분야에 뛰어나다고 느낄 때

彼女は走ることにかけては誰にも負けない。

(그녀는 달리기에 있어서는 누구에게도 지지 않는다)

話し方にかけては彼の右に出るものはいない。

(말주변에 있어서는 그 사람을 능가하는 자는 없다)

彼はファッションセンスにかけでは社内でいちばんだ。

(그는 패션센스에 있어서는 회사 내에서 일등이다)

「~という{もの/こと}は」: 감정을 담아 화제로 삼을 때

平和というものはありがたいものである。(평화라는 것은 고마운 것이다)

人の命というものは何にも変えられないものだ。

(사람목숨이라는 것은 무엇과도 바꿀 수 없는 것이다)

子供を育てるということは難しいことだなあ。(아이를 키운다는 것은 어려운 것이구나)

友達が多いということは嬉しいことですね。(친구가 많다는 것은 기쁜 일이지요)

2-6. 助詞의 기능을 하는 다양한 표현

(1) 장소/시점

「～において」⇒ 장소/상황/분야의 격식체 표현으로 사용

卒業式は大講堂において行われた。(졸업식은 대강당에서 거행되었다)

調査の過程において様々なことが明らかになった。

(조사과정에 있어서 여러 가지 일이 밝혀졌다)

「～にあたって」⇒ 특별한 시점을 나타낼 때

お二人のご結婚にあたって、ご挨拶申し上げます。

(두 사람의 결혼에 있어서 인사 올립니다)

新しい年の初めにあたって、皆様のご健康をお祈り致します。

(새해 초에 있어서 여러분의 건강을 기원 드립니다)

(2) 범위

「～から～にかけて」⇒ 시작과 끝의 모호한 범위를 나타낼 때

今月から来月にかけて休暇をとるつもりだ。

(이번 달부터 다음 달에 걸쳐 휴가를 얻을 생각이다)

明日、関東から東北にかけて大雨になるおそれがある。

(내일 간토에서 도호쿠에 걸쳐 큰비가 내릴 우려가 있다)

「～にわたって」⇒ 기간/장소/회수의 전 범위를 나타낼 때

彼はこの町を10回にわたって訪れて調査を行っている。

(그는 이 마을을 10번에 걸쳐 방문해 조사를 행하고 있다)

台風19号は中国地方全域にわたって被害を与えた。

(태풍19호는 주고쿠지방 전역에 걸쳐 피해를 입혔다)

「～を{通(つう)じて/通(とお)して}」⇒ [그 기간 동안 내내]를 표현하고 싶을 때

私の住んでいる所は一年を通じて雨が多い。(내가 살고 있는 곳은 1년 내내 비가 많다)

その先生は一生を通して、熱心な教育者だった。

(그 선생님은 일생을 통해 열성교육자였다)

(3) 방법/원인, 매개체, 출처

「~によって」「~による」⇒ 수단/방법/원인을 나타낼 때

踏み切り事故によって、電車は2時間も遅れた。

(건널목사고에 의해 전차는 2시간이나 늦어졌다)

この資料によって多くの事実が明らかになった。(이 자료에 의해 많은 사실이 밝혀졌다)

地震による津波の心配はないということである。(지진에 의한 해일걱정은 없다는 것이다)

「~を{通じて/通して}」⇒ 매개체를 나타낼 때

現地の大使館を通じて、事故の様子が伝わってきた。

(현지 대사관을 통해서 사고모습이 전해져왔다)

私は今の仕事を通して、たくさんのいい経験をしている。

(나는 지금 일을 통해서 많은 좋은 경험을 하고 있다)

「~によると」「~によれば」⇒ 정보의 출처를 나타낼 때

天気予報によると、明日は晴れるそうです。

(일기예보에 의하면 내일은 맑음이라고 합니다)

部長の話によると、オープンは6月らしい。

(부장님 말에 의하면 오픈은 6월에 행해지는 것 같다)

専門家によれば、この事業は将来性があるとのことだ。

(전문가에 의하면 이사업은 장래성이 있다한다)

(4) 대상

「~に対(たい)して」「~に対(たい)する」⇒ 행위/감정/태도의 대상을 나타낼 때

上司は部下に対して公平でなければならない。

(상사는 부하에 대해서 공평하지 않으면 안 된다)

今のご意見に対して何か反対意見はありませんか。

(지금 의견에 대해서 뭔가 반대의견은 없습니까)

子供に対する親の愛情ははかり知れない。(아이에 대한 부모의 애정은 끝이 없다)

「~について」「~に関(かん)して」「~に関(かん)する」⇒ 思考관계의 주제를 말하는 대상

日本人の習慣にについてレポートを書いた。(일본인의 습관에 대해서 리포트를 썼다)

この商品の特徴について詳しく説明してください。

(이 상품의 특징에 대해서 자세히 설명해 주세요)

その問題に関して質問したいことがあります。

(그 문제에 관해서 질문하고 싶은 것이 있습니다)

コンピューターに関する彼の知識は相当なものだ。

(컴퓨터에 관한 그의 지식은 상당한 것이다)

「～をめぐって」「～をめぐる」⇒ 대립/토론/분쟁의 대상을 나타낼 때

橋の建設をめぐって、住民の間で対立が続いている。

(다리건설을 둘러싸고 주민사이에 대립이 계속되고 있다)

今日は教育制度をめぐって議論が繰り広げられる。

(오늘은 교육제도를 둘러싸고 토론이 펼쳐진다)

親の財産をめぐる争いは、なかなか終わりそうもない。

(부모재산을 둘러싼 분쟁은 좀처럼 끝날 것 같지도 않다)

「～に応(こた)えて」「～に応(こた)える」⇒ 기대/희망/요청의 대상을 나타낼 때

アンコールに応えて、彼女は2度も舞台に出てきた。

(앙코르 요청에 그녀는 두 번이나 무대에 나왔다)

ファンの声援に応えて、彼は素晴らしい演技を見せてくれた。

(팬 성원에 부응해 그는 훌륭한 연기를 보여주었다)

両親の期待に応えるように、これからも努力していきたい。

(부모님의 기대에 부응하도록 앞으로도 노력해 가고 싶다)

(5) 기준

「～に沿(そ)って」「～に沿(そ)った」⇒ 수순이나 메뉴얼을 나타낼 때

大会の準備はスケジュール表に沿って順調に進んでいる。

(대회준비는 일정표에 따라 순조롭게 진행되고 있다)

書いてある手順に沿ってやってください。(쓰여 진 순서에 따라 해 주세요)

マニュアルに沿った手紙の書き方しか知らないのでは困る。

(매뉴얼에 따른 편지 작성법밖에 몰라서는 곤란하다)

「~に基(もと)づいて」「~に基(もと)づいた」「~に基(もと)づく」⇒ 행동의 기본/근거를 나타낼 때

実際にあった話に基づいて小説を書いた。(실제 있었던 이야기에 기초해서 소설을 썼다)

長年の経験に基づいた判断だから信頼できる。

(오랜 경험에 입각한 판단이니까 신뢰할 수 있다)

J新聞には事実に基づくことが書いてある。(J신문에는 사실에 입각한 것이 쓰여 있다)

「~をもとに(して)」⇒ 소재　　　**「~のもとで」**⇒ 보호/영향

実際にあった話をもとにして脚本を書いた。

(실제 있었던 이야기를 소재로 해서 각본을 썼다)

漢字をもとにして、平仮名と片仮名ができた。

(한자를 모태로 해서 히라가나와 가타가나가 생겼다)

彼は優れた先生のもとで、みっちり基礎を学んだ。

(그는 훌륭하신 선생님의 영향으로 착실히 기초를 쌓았다)

この製品は厳しい管理のもとで作られた。

(이 제품은 엄격한 관리체제에서 만들어졌다)

(6) 첨가

「Aだけで(は) なく Bも」⇒ A뿐만 아니라 B도 추가하고 싶을 때

肉だけではなく、野菜も食べなければいけない。

(고기뿐 만아니라 야채도 먹지 않으면 안 된다)

彼女は英語だけではなく、アラビア語も上手だ。

(그녀는 영어만이 아니라 아리비아어도 능숙하다)

今日はラーメンだけでなく、カレーも食べたい。

(오늘은 라면만이 아니라 카레도 먹고 싶다)

「Aに限(かぎ)らず Bも」「Aのみならず Bも」⇒ A에 한정하지 않고 B도 첨가할 때

若い人のみならず、老人や子供たちにも人気がある。

(젊은 사람뿐만 아니라 노인이나 아이들에게도 인기가 있다)

ソウルに限らず、他の都市でもゴミは大きい問題だ。

(서울뿐만 아니라 다른 도시에서도 쓰레기는 큰문제다)

慶州は休日に限らず、ウィークデーも外国人が多い。

(경주는 휴일만이 아니라 주중에도 외국인이 많다)

「Aばかりでなく Bも」「Aばかりか Bも」⇒A뿐만 아니라 B도 부정적일 때

彼女は英語ばかりでなく、中国語も話せる。

(그녀는 영어뿐만 아니라 중국어도 말할 수 있다)

私のアパートは暑いばかりでなく、音もうるさい。

(내 아파트는 더위뿐 아니라 소리도 시끄럽다)

会社の人ばかりか、家族までが私を馬鹿にしている。

(회사사람뿐 아니라 가족까지 나를 바보취급하고 있다)

この小説は難しいばかりか、ストーリーもおもしろくない。

(이 소설은 어려울 뿐만 아니라 스토리도 재미없다)

「Aはもちろん Bも」「Aはもとより Bも」⇒A는 당연하고 B도 첨가하고 싶을 때

彼はテニスはもちろん、ゴルフもサッカーもうまい。

(그는 테니스는 물론 골프도 축구도 잘한다)

子供の送り迎えはもちろん、料理も洗濯もやっている。

(아이배웅 마중은 물론 요리도 빨래도 하고 있다)

寿司はもとより、すき焼きも彼女は食べられない。

(초밥은 물론 스키야키도 그녀는 먹을 수 없다)

旅行好きな父はもとより、この頃は母もよく外国へ出かける。

(여행 좋아하는 아빠는 물론 요즘은 엄마도 외국에 잘나가신다)

(7) 입장

「〜に{したら/すれば}」⇒상상

犬が好きな人にしたら、どんな犬も可愛いのかも知れない。

(개를 좋아하는 사람이라면 어떤 개도 귀여울지 모른다)

高校生にしたら、古いデザインの制服なんか嫌だろう。

(고교생이라면 오래된 디자인제복 따위 싫을 것이다)

製作者にすれば、物を大切に使う人はありがたくないのだろう。

(제작자라면 물건을 소중히 하는 사람은 고맙지 않을 것이다)

「~として」⇒ 자격/명목　　「~にとって」⇒ 느낌/기억/사연

私は夫として父として家庭を大切にしている。

(저는 남편으로서 아빠로서 가정을 소중히 하고 있다)

彼はエンジニアとして日本へ研修に来た。(그는 기술자로서 일본에 연수하러 왔다)

私にとって、結婚記念日は忘れられない日です。

(내게 있어서 결혼기념일은 잊지 못할 날입니다)

この絵は私の家族にとって大切なものなのです。

(이 그림은 우리가족에게 있어 소중한 것입니다)

「~から{みると/すると/すれば/して}」⇒ 관점/판단근거

私から見ると、彼は何でも知っていてまるで生きている辞書のようだ。

(내가보면 그는 뭐든지 알고 있어 마치 살아있는 사전 같다)

会社側からすると、パートタイマーが多い方が得なのだろう。

(회사측에서 보면 파트타임이 많은 쪽이 득일 것이다)

専門家からすれば、私の書いた本はつまらないだろう。

(전문가 입장에서 보면 내가 쓴 책은 하찮을 것이다)

あの人の性格からして、そんなことで納得するはずがない。

(그 사람 성격으로 볼 때 그런 일로 납득할리 없다)

(8) 평가

「~にして(は)」⇒ 예상과 다르게 평가될 때

子供にしては難しい言葉をよく知っている。(아이치고는 어려운 말을 잘 알고 있다)

このアパートは都心にしては家賃が安い。(이 아파트는 도심치고는 집세가 싸다)

今日は真夏にしてはけっこう涼しい一日だった。(오늘은 한여름치고는 꽤 시원한 하루였다)

「~わりに(は)」⇒ 예상비율과 다르게 평가될 때

あのレストランは値段のわりに美味しい料理を出す。

(그 레스토랑은 가격에 비해 맛있는 요리를 내온다)

祖父は年のわりには考え方がやわらかいです。(할아버지는 연세에 비해 생각이 유연합니다)

この部屋、部屋代のわりには広くてきれいですね。(이방 방세에 비해서는 넓고 깨끗하군요)

「~だけあって」⇒ 당연시 되는 높은 평가를 나타낼 때

ここは一流ホテルだけあって、サービスが非常にいい。

(여기는 일류호텔이어서 서비스가 매우 좋다)

8年間日本で生活しただけあって、日本語がとても上手だ。

(8년간 일본에서 생활해서 일본어를 매우 잘한다)

彼女はデザイン学校を卒業しただけあって、洋服のセンスがいい。

(그녀는 디자인학교를 졸업해서인지 양복센스가 좋다)

「~とも{なると/なれば}」⇒ 상황변화에 상응해서 평가할 때

結婚式ともなれば、ジーパンではまずいだろう。(결혼식이라면 청바지로는 안 될 것이다)

事務長ともなると、いろいろな仕事をしなければならない。

(사무장이라면 여러 가지 일을 해야만 한다)

プロの料理人ともなると、食材がいいか悪いかはすぐ分かるらしい。

(프로요리사라면 식재료가 좋은지 나쁜지는 바로 아는 것 같다)

(9) 대응 : 「~によって(は)」「~に応(おう)じ{て/た}」「~次第(しだい)で(は)」

明日は所によって雨が降るそうだ。(내일은 지역에 따라 비가 온다고 한다)

場合によってはこの契約を破棄するかもしれない。

(경우에 따라서는 이 계약을 포기할지도 모른다)

働いた時間に応じて、アルバイト代を払います。

(일한 시간에 따라 아르바이트 대금을 지불합니다)

自分のレベルに応じた会話クラスに入るのがいい。

(자기레벨에 맞는 회화 반에 들어가는 것이 좋다)

結婚した相手次第で、人生が決まってしまうこともある。

(결혼한 상대에 따라 인생이 정해져버리는 것도 있다)

考え方次第では、テレビがない生活も悪くない。

(사고방식에 따라서는 TV가 없는 생활도 나쁘지 않다)

第3章　문법 활용

1. 일본어의 수사와 조수사의 사용법
2. 시제와 시간/기간을 나타내는 日・週・月・年, 曜日
3. 인칭대명사와 지시대명사의 사용법
4. 형용사의 활용
5. 동사의 활용
6. そうだ・ようだ・らしい
7. やる・あげる・くれる・もらう : 수수표현
8. 자동사와 타동사의 대응
9. 경어동사
10. 명사화방법
11. 명사수식 방법
12. 명사술어 표현

第3章 문법 활용

1. 일본어의 수사와 조수사의 사용법

일본어의 수사에는 和数詞와 漢数詞의 2종류가 있다.

일본어의 조수사는 다양하고, 조수사에 따라 수사의 발음방식이 달라지는 경우가 있어, 이점에 주의를 기울여야 한다.

1-1. 漢数詞(한어읽기 수사)

1	いち	11	じゅういち	30	さんじゅう	800	はっぴゃく
2	に	12	じゅうに	40	よんじゅう	千	せん
3	さん	13	じゅうさん	50	ごじゅう	3千	さんぜん
4	し, よん	14	じゅうよん	60	ろくじゅう	5千	ごせん
5	ご	15	じゅうご	70	ななじゅう	6千	ろくせん
6	ろく	16	じゅうろく	80	はちじゅう	8千	はっせん
7	しち, なな	17	じゅうなな	90	きゅうじゅう	9千	きゅうせん
8	はち	18	じゅうはち	100	ひゃく	万	いちまん
9	く, きゅう	19	じゅうきゅう	300	さんびゃく	3万	さんまん
10	じゅう	20	にじゅう	600	ろっぴゃく	5万	ごまん

1-2. 和数詞(고유어읽기 수사)

하나	둘	셋	넷	다섯
ひとつ	ふたつ	みっつ	よっつ	いつつ
여섯	일곱	여덟	아홉	열
むっつ	ななつ	やっつ	ここのつ	とお

1-3. 조수사 I

	月(がつ)	箱(はこ)	枚(まい)	番(ばん)	円(えん)	キロ
1	いちがつ	ひとはこ	いちまい	いちばん	いちえん	いちキロ
2	にがつ	ふたはこ	にまい	にばん	にえん	にキロ
3	さんがつ	さんはこ みはこ	さんまい	さんばん	さんえん	さんキロ
4	しがつ	よんはこ	よんまい	よんばん	よえん	よんキロ
5	ごがつ	ごはこ	ごまい	ごばん	ごえん	ごキロ
6	ろくがつ	ろっぱこ ろくはこ	ろくまい	ろくばん	ろくえん	ろっキロ
7	しちがつ	ななはこ しちはこ	ななまい	ななばん	ななえん	ななキロ しちキロ
8	はちがつ	はちはこ はっぱこ	はちまい	はちばん	はちえん	はちキロ はっキロ
9	くがつ	きゅうはこ	きゅうまい	きゅうばん	きゅうえん	きゅうキロ
10	じゅうがつ	じゅっぱこ じっぱこ	じゅうまい	じゅうばん	じゅうえん	じっキロ じゅっキロ
何	なんがつ	なんばこ	なんまい	なんばん	なんえん	なんキロ
다른 조수사		皿(さら) 組(くみ)	台(だい) 号(ごう) 度(ど) 名(めい) 羽(わ)	便(びん) 錠(じょう) ミリ(mm) グラム(g) メートル(m)	「畳(じょう)」 다다미를 셀 때	組(くみ) パーセント(%) シーシー(cc)
※	4月≠よんがつ 9月≠きゅうがつ	1組(ひとくみ) 2組(ふたくみ) 6組(ろっくみ) 8組(はっくみ) 10組(じっくみ)	「枚」는 얇고 넓은 물건 셀 때	「錠(じょう)」는 알약을 셀 때	四畳半(よじょうはん)	648cc

リンゴがやっつあります。(사과가 8개 있습니다)

お皿が九つもあります。(접시가 아홉 개나 있습니다)

四月から九月までです。(4월부터 9월까지입니다)

オープンは十月からです。(오픈은 10월부터입니다)

彼は前から四番目です。(그는 앞에서 네 번째입니다)

ビタミン剤を二錠飲みました。(비타민제를 두알 먹었습니다)

ラケットの重さは255gです。(라켓무게는 255그램입니다)

長さは9メートルもあります。(길이는 9미터나 됩니다)

五万三千の人が集まりました。(5만3천명이 모였습니다)

値段は16,789円です。(가격은 16,789엔입니다)

残りは964円です。(잔금은 964엔입니다)

今日は四月二十日です。(오늘은 4월 20일입니다)

私の誕生日は九月十四日だ。(내 생일은 9월 14일이다)

合わせて、8,213,684円です。(합해서 8,213,684엔입니다)

一箱の重さは20kgです。(한 상자 무게는 20㎏입니다)

兄のバイクは550ccです。(형 오토바이는 550cc입니다)

66%の人が反対です。(66퍼센트의 사람이 반대입니다)

みかん八箱を送ってください。(귤 8상자를 보내주세요)

娘は三年二組です。(딸아이는 3학년 2반입니다)

会社にはトラックが七台あります。(회사에는 트럭이 7대 있습니다)

発表の資料は四枚です。(발표 자료는 4장입니다)

ワイシャツを四枚買いました。(와이셔츠를 4장 샀습니다)

事務室は畳九畳の大きさです。(사무실은 다다미 9장 크기입니다)

日本語学の73号にあります。(일본어학 73호에 있습니다)

熱が38.5度まで上がりました。(열이 38.5도까지 올랐습니다)

アシアナ747便で行きます。(아시아나 747편으로 갑니다)

重さは120キロまでです。(무게는 120kg까지 입니다)

あの選手はジャンプ記録が2m45です。(그 선수는 점프기록이 2m45입니다)

1-4. 조수사Ⅱ

	歳(さい)	回(かい)	個(こ)	分(ふん)	本(ほん)	人(にん)	冊(さつ)
1	いっさい	いっかい	ひとつ いっこ	いっぷん	いっぽん	ひとり	いっさつ
2	にさい	にかい	ふたつ にこ	にふん	にほん	ふたり	にさつ
3	さんさい	さんかい	みっつ さんこ	さんぷん	さんぼん	さんにん	さんさつ
4	よんさい	よんかい	よっつ よんこ	よんぷん	よんほん	よにん	よんさつ
5	ごさい	ごかい	いつつ ごこ	ごふん	ごほん	ごにん	ごさつ
6	ろくさい	ろっかい	むっつ ろっこ	ろっぷん	ろっぽん	ろくにん	ろくさつ ろっさつ
7	ななさい	ななかい	ななつ ななこ	ななふん	ななほん	しちにん ななにん	ななさつ
8	はっさい	はっかい	やっつ はちこ	はっぷん はちふん	はっぽん	はちにん	はっさつ
9	きゅうさい	きゅうかい	ここのつ きゅうこ	きゅうふん	きゅうほん	きゅうにん	きゅうさつ
10	じゅっさい じっさい	じゅっかい じっかい	とお じっこ	じゅっぷん じっぷん	じゅっぽん じっぽん	じゅうにん	じゅっさつ じっさつ
何	なんさい	なんかい	いくつ なんこ	なんぷん	なんぼん	なんにん	なんさつ
다른 조수사	センチ(cm) ページ 頭(とう)	階(かい) 校(こう) 匹(ひき) 足(そく) 隻(せき)		泊(はく)	杯(はい)		種類(しゅるい)
※	20歳(はたち)	3階(さんがい) 1匹(いっぴき) 3匹(さんびき) 6匹(ろっぴき) 8匹(はっぴき) 10匹(じっぴき)		1泊(いっぱく) 3泊(さんぱく) 4泊(よんぱく) 6泊(ろっぱく) 8泊(はっぱく) 10泊(じっぱく)	1杯(いっぱい) 3杯(さんばい) 6杯(ろっぱい) 8杯(はっぱい) 10杯(じっぱい)		

お年は51歳です。(나이는 51세입니다)

二十歳の時、入社しました。(20세 때 입사했습니다)

何回手術しましたか。(몇 번 수술했습니까)

長さは168cmもあります。(길이는 168cm나 됩니다)

私のマンションは16階建てです。(우리 아파트는 16층입니다)

参加した高校は48校です。(참가한 고교는 48개교입니다)

ウサギが10匹遊んでいる。(토끼가 열 마리 놀고 있다)

靴下を6足も買いました。(양말을 여섯 켤레나 샀습니다)

210ページを読んでください。(210쪽을 읽어주세요)

後ろの4人に聞いてください。(뒤에 네 명에게 물어보세요)

本を11冊もらいました。(책을 11권 받았습니다)

海辺にボートが6隻ある。(해변에 보트가 6척 있다)

58分の電車があります。(58분 전차가 있습니다)

バスは40分到着です。(버스는 40분 도착입니다)

スペインで6泊とまります。(스페인에서 6박합니다)

梨6個、柿10個が必要です。(배 6개 감 10개가 필요합니다)

何分に出発しますか。(몇 분에 출발합니까)

コップ一杯の水がある。(컵 한잔의 물이 있다)

日本酒を五杯飲みました。(일본 청주를 다섯 잔 마셨습니다)

ご飯を二杯も食べた。(밥을 두 그릇이나 먹었다)

うどんを三杯も食べました。(우동을 세 그릇이나 먹었습니다)

ビール3本、ワイン1本を買う。(맥주 세병, 와인 한 병을 산다)

品物が八種類あります。(물건이 8종류 있습니다)

2. 시제와 시간/기간을 나타내는 日 · 週 · 月 · 年, 曜日

2-1. 시제를 나타내는 日 · 週 · 月 · 年

	日(날)	週(주)	月(달)	年(해)
과거	一昨日 いっさくじつ おととい	先々週 せんせんしゅう	先々月 せんせんげつ	一昨年 いっさくねん おととし
	그저께	지지난주	지지난달	재작년
	昨日 さくじつ きのう	先週 せんしゅう	先月 せんげつ	昨年 さくねん きょねん
	어제	지난주	지난달	작년
현재	今日 こんにち きょう	今週 こんしゅう	今月 こんげつ	今年 ことし
	오늘	이번 주	이번 달	금년, 올해
미래	明日 あした	来週 らいしゅう	来月 らいげつ	来年 らいねん
	내일	다음주	다음달	내년
	明後日 あさって	再来週 さらいしゅう	再来月 さらいげつ	再来年 さらいねん
	모레	다다음주	다다음달	내후년
언제나	毎日 まいにち	毎週 まいしゅう	毎月 まいつき	毎年 まいとし
	매일	매주	매월	매년

一昨日は21日でした。(그저께는 21일 이었습니다)

先々週は運動会だった。(지지난주는 운동회였다)

先々月は結婚式だった。(지지난달은 결혼식이었다)

一昨年は豊作でした。(재작년은 풍년이었습니다)

昨日は雨でした。(어제는 비였습니다)

先週は誕生日でした。(지난주는 생일이었습니다)

先月は出張でした。(지난달은 출장이었습니다)

昨年は不作でした。(작년은 흉년이었습니다)

今日は曇りです。(오늘은 구름입니다)

今週は期末試験です。(이번 주는 기말시험입니다)

今月は28日までです。(이번 달은 28일까지입니다)

今年は蒸し暑いです。(올해는 찜통더위입니다)

明日は晴れるでしょう。(내일은 맑겠지요)

来週は夏休みです。(다음 주는 여름방학입니다)

来月、学校が始まります。(다음 달 학교가 개학합니다)

来年は高校生です。(내년은 고등학생입니다)

明後日は水曜日です。(모레는 수요일입니다)

再来週は北海道旅行です。(다다음주는 북해도여행입니다)

再来月はプロ野球の開幕だ。(다다음달 프로야구개막이다)

再来年は結婚30周年です。(내후년은 결혼 30주년입니다)

毎日、とても忙しいです。(매일 매우 바쁩니다)

毎週、自分の目標を立てる。(매주 자기의 목표를 세운다)

毎月、健康をチェックします。(매달 건강을 체크합니다)

毎年、海外旅行に行くつもりだ。(매년 해외여행 갈 생각이다)

2-2. 曜日(요일)

日曜日	月曜日	火曜日	水曜日	木曜日	金曜日	土曜日
にちようび	げつようび	かようび	すいようび	もくようび	きんようび	どようび

今度の日曜日には何をしますか。(이번 일요일에는 무엇을 합니까)

今年の12月25日は月曜日です。(올해 12월25일은 월요일입니다)

今週の火曜日には授業がない。(이번 주 화요일에는 수업이 없다)

今年、私の誕生日は水曜日です。(올해 제 생일은 수요일입니다)

来週の木曜日、時間ありますか。(다음 주 목요일 시간 있습니까)

明後日の金曜日、約束があります。(모레 금요일 약속이 있습니다)

先週の土曜日、どこか行きましたか。(지난주 토요일 어디 갔었나요)

2-3. 시간/기간을 나타내는 日 · 週 · 月 · 年

	～時(間)(かん)	～日(間)(にち かん)	～週間(しゅうかん)	～ヶ月(げつ)	～年(ねん)
1	いちじ(かん)	ついたち	**いっしゅうかん**	**いっかげつ**	いちねん
2	にじ(かん)	ふつか	にしゅうかん	にかげつ	にねん
3	さんじ(かん)	みっか	さんしゅうかん	さんかげつ	さんねん
4	**よじ**(かん)	よっか	よんしゅうかん	よんかげつ	**よねん**
5	ごじ(かん)	いつか	ごしゅうかん	ごかげつ	ごねん
6	ろくじ(かん)	むいか	ろくしゅうかん	**ろっかげつ** **はんとし**	ろくねん
7	しちじ(かん)	なのか	ななしゅうかん	ななかげつ	しちねん ななねん
8	はちじ(かん)	ようか	**はっしゅうかん**	はっかげつ	はちねん
9	くじ(かん)	ここのか	きゅうしゅうかん	きゅうかげつ	きゅうねん
10	じゅうじ(かん)	とおか	**じっしゅうかん** **じゅっしゅうかん**	**じっかげつ** **じゅっかげつ**	じゅうねん
何	なんじ(かん)	なんにち	なんしゅうかん	なんかげつ	なんねん
※	時間目(じかんめ) 4時≠しじ 9時≠きゅうじ	1日(いちにち) 14日(じゅうよっか) 20日(はつか) 24日(にじゅうよっか)		いっかげつ **=ひとつき** にかげつ **=ふたつき**	

四時三十五分です。(4시 35분입니다)

七月二十四日です。(7월 24일입니다)

来月の二十日、卒業です。(다음달 20일 졸업입니다)

語学研修は8週間です。(어학연수는 8주간입니다)

十ヶ月間、出張です。(10개월간 출장입니다)

一月(ひとつき)給料はいくらですか。(한 달 월급은 얼마입니까)

作業は六ヶ月以内で終わる。(작업은 6개월 이내로 끝난다)

四年ごとにオリンピックが開かれる。(4년마다 올림픽이 열린다)

3. 인칭대명사와 지시대명사의 사용법

3-1. 인칭대명사 : 사람을 가리킬 때 사용된다.

	1인칭	2인칭	3인칭	부정칭
단수	わたし　わたくし ぼく　おれ　あたし	あなた　きみ おまえ　あんた てめえ　きさま	かれ かのじょ	どなた だれ
복수	わたしたち わたくしども ぼくら　おれら あたしたち	あなたがた きみたち　おまえら あんたら　てめえら	かれら かのじょら かのじょたち	

(1) 1인칭의 경우

「わたし」「ぼく」는 중립적인 표현이고, 「わたくし」는 겸양적인 표현이다.

「おれ」「あたし」는 동료간 사용하지만, 학교/직장에서는 사용이 불가하다.

「筆者」와 「論者」는 논문이나 논설문 등 문서체에서 주로 사용한다.

「ぼく」와 「おれ」는 주로 남성이 사용, 「あたし」는 주로 여성이 사용한다.

공적인 장소에서는 「ぼく」대신 「わたし」와 「わたくし」를 사용한다.

복수형은 「たち」나 「ら」를 붙이지만, 「わたくし」에는 「ども」를 사용한다.

(2) 2인칭의 경우

「あなた」는 중립적인 표현이고, 「きみ」는 친구나 아랫사람에게 사용한다.

「あんた」「おまえ」「てめえ」는 난폭한 말투로 동료들 간에 사용한다.

「きさま」는 손위사람만이 사용이 가능하다.

복수형은 「たち」「ら」를 붙여 사용. 「あなた」에는 「がた」를 사용한다.

2인칭대명사는 손위 사람에게는 사용할 수 없다.

경의를 나타낼 필요가 있는 경우, 상대방의 이름이나 직계경칭을 사용한다.

(3) 3인칭의 경우

「彼/彼女」「彼ら/彼女ら」「彼女たち」는 화자/청자 모두 아는 경우에 사용한다.

「彼女ら」「彼女たち」는 先行詞가 모두 여성일 경우에만 사용한다.

「彼」「彼女」는 손위 사람을 가리키는 경우에는 사용이 불가하다.

3-2. 지시대명사 : 사물, 장소, 방향을 가리킨다.

	근칭 (화자 영역지시)	중칭 (청자 영역지시)	원칭 (영역외 지시)	부정칭
사물	これ(ら)	それ(ら)	あれ(ら)	どれ(ら)
사람	こいつ この人 この方	そいつ その人 その方	あいつ あの人 あの方	どいつ どの人 どの方
장소 부분	ここ	そこ	あそこ	どこ
방향 선택	こちら こっち	そちら そっち	あちら あっち	どちら どっち

(1) 현장지시용법으로 사용될 경우

1) 화자와 청자가 공통 영역에 있는 사물을 가리킬 때 こ系사용.

(함께 물건을 보면서)

A： これは誰のかばんですか。(이것은 누구 가방입니까)

B： これは先生のです。(이것은 선생님 것입니다)

(함께 음악을 들으면서)

A： この歌、どこかで聞いたことがある。(이 노래 어디서 들은적 있다)

B： ああ、これは「花」という歌よ。(아아 이것은 [꽃]이라는 노래야)

2) 화자와 청자가 대립하는 영역에 있을 때,

화자 영역의 사물은 **こ系**, 청자 영역의 사물은 **そ系**사용.

(우산을 가리키며)

A： これは誰の傘ですか。(이것은 누구 우산입니까)

B： それは林さんのです。(그것은 林さん 것입니다)

(휴대전화 통화에서)

妹： 今どこにいる? そこはどこ? (지금 어디 있어? 거기 어디?)

兄： 今ここは東京駅の南口だよ。(지금 여기는 도쿄역 남쪽입구다)

3) 화자와 청자가 공통 영역에서, 멀리 있는 것을 가리킬 때 **あ系**사용.

A： あそこでちょっと休みましょう。(저기서 좀 쉽시다)

B： ええ、あの木の下がいいですね。(예 저 나무아래가 좋겠네요)

※ 현장지시용법에서, 일본어와 한국어는 대응관계가 일치한다.

こ系 → 이系, そ系 → 그系, あ系 → 저系

※ 부정칭은 특정의 사물, 사람, 장소, 방향을 지시할 때 사용한다.

どれが先輩のケータイですか。(어느 것이 선배휴대폰입니까)

どの方が森下さんですか。(어느 분이 森下さん입니까)

どこで会いましょうか。(어디서 만날까요)

どちらまで行かれますか。(어디까지 가십니까)

단순히 사물의 이름을 물을 때는「何(なに/なん)」를 사용한다.

何(なに) がほしいですか。(무엇이 필요합니까)

製品の名前は何(なん) ですか。(제품이름은 무엇입니까)

(2) 문맥지시용법으로 사용될 경우; 일본어 ア系는 한국어의 그(ソ系)에 대응한다.

1) **こ系** : 한국어의 이(こ系)에 대응

화자가 바로 앞에서 말 한 것이나, 이제부터 말하는 것을 나타낼 때 사용된다.

ここは女の子の部屋だ。このことを忘れるな。

(여기는 여자들 방이다. 이것을 잊지 말아라)

これはその時聞いた話です。(이것은 그때 들은 얘기입니다)

2) **そ系** : 한국어의 그(そ系)에 대응

① 화자와 청자 둘이 말할 경우 : 앞에서 말 한 것을 지시하거나, 화자의 말이 청자에게 잘 이해되었다고 생각되는 것을 나타낼 때 사용된다.

A： 昨日十万円ひろったんだよ。(어제 10만엔 주었어요)

B： それをどうしたの。(그것을 어떻게 했어)

② 한 사람이 이야기 할 경우

화자의 이야기 속에 나오는 사물은 **そ系**사용.

弟は今パン屋で働いている。そのパン屋のパンはとても美味しい。

(동생은 지금 빵집에서 일한다. 그 빵집 빵은 매우 맛있다)

화자에게 가까운 것, 특별한 관심이나 감정을 가지는 것은 **こ系**사용.

私の娘はユジです。この子は今、大学に通っています。

(내 딸은 유지입니다. 이애는 지금 대학 다니고 있습니다)

3) **あ系** : 한국어의 그(そ系)에 대응

화자와 청자가 같이 알고 있는 것을 가리킬 때 사용된다.

ねえ、昨日見たあの変な人、今日も学校で見たよ。

(어제 본 그 이상한 사람, 오늘도 학교에서 봤어)

A : 昨日駅前の花屋で花を買ったよ。

(어제 역 앞 꽃집에서 꽃을 샀어요)

B : ああ、あの店ね。あそこは親切だね。

(아 그 가게. 거기는 친절하지요)

3-3. 그 밖의 指示語

형태	근칭	중칭	원칭	부정칭	용법
명사 수식	こんな	そんな	あんな	どんな	수단, 속성
	こういう	そういう	ああいう	どういう	속성, 양태
	このような	そのような	あのような	どのような	방법, 속성
	こういった	そういった	ああいった	どういった	속성
	こうした	そうした	ああした	どうした	
동사 형용사 수식	こう	そう	ああ	どう	동작의 양태
	こんなに	そんなに	あんなに	どんなに	정도나 양
	このように	そのように	あのように	どのように	동작의 양태 결과의 상태
	このようにして	そのようにして	あのようにして	どのようにして	
	こんなふうに	そんなふうに	あんなふうに	どんなふうに	
	こんなふうにして	そんなふうにして	あんなふうにして	どんなふうにして	
	こうして	そうして	ああして	どうして	
	こうやって	そうやって	ああやって	どうやって	

どんな眼鏡を探しているんですか。(어떤 안경을 찾고 있나요?)

こういうデジカメがほしいですか。(이런 디카가 필요합니까?)

ここをこのようにねじってください。(여기를 이렇게 돌려주세요)

なるほど、そうするんですか。(아아 그렇게 하는 겁니까?)

私もあんなふうに(*ああ) 英語が話せます。(나도 저렇게 영어로 말할 수 있습니다)

バットはそんなふうに持つのではありません。

(방망이는 그런 식으로 잡는 것이 아닙니다)

バットはそうして/そうやって持つのではありません。

(방망이는 그렇게 해서 잡는 것이 아닙니다)

こうやって折ってこうすると、こうなります。

(이렇게 접어서 이렇게 하면 이렇게 됩니다)

髪をああいうふうに切ると、若く見えますね。

(머리를 저런 식으로 자르면 젊어 보이는군요)

4. 形容詞의 활용

4-1. 形容詞의 활용총괄

	い形容詞	な形容詞	단정의 유무
사전형(기본형)	暑い	好きだ	○
정중형(です형)	あついです	すきです	○
부정형(ない형)	あつくない	すきではない すきじゃない	○
과거형(た형)	あつかった	すきだった	○
과거부정형 (なかった형)	あつくなかった	すきではなかった すきじゃなかった	○
접속형(て형)	あつくて	すきで	×
접속형(なる형)	あつくなる	すきになる	×
예시형(たり형)	あつかったり	すきだったり	×
조건형(ば형)	あつければ	すきであれば	×
조건형(たら형)	あつかったら	すきだったら	×
중지형/부사형	あつく	すきで すきに	×

〈い形容詞의 예〉

広(ひろ)い 狭(せま)い 長(なが)い 短(みじか)い 大(おお)きい 小(ちい)さい 高(たか)い 安(やす)い しょっぱい

暖(あたた)かい 寒(さむ)い 涼(すず)しい 優(やさ)しい 低(ひく)い 冷(つめ)たい 羨(うらや)ましい すっぱい

〈な形容詞의 예〉

好(す)きだ 嫌(きら)いだ 嫌(いや)だ 退屈(たいくつ)だ 残念(ざんねん)だ 高価(こうか)だ

面倒(めんどう)だ 元気(げんき)だ 有名(ゆうめい)だ きれいだ 不思議(ふしぎ)だ

4-2. い形容詞의 활용

	보통체	정중체
기본형	あつい	あついです
과거형(た形)	あつかった	あつかったです
부정형(ない形)	あつくない	あつくないです あつくありません
과거부정형	あつくなかった	あつくなかったです あつくありませんでした
て에 접속(て形)	あつくて	
なる에 접속	あつくなる	あつくなります

(1) 사전형/기본형의 예

丸(まる)い　四角(しかく)い　多(おお)い　少(すく)ない　強(つよ)い　弱(よわ)い　新(あたら)しい　古(ふる)い　近(ちか)い　遠(とお)い

若(わか)い　細(ほそ)い　太(ふと)い　赤(あか)い　白(しろ)い　黒(くろ)い　黄色(きいろ)い　青(あお)い　茶色(ちゃいろ)い　難(むずか)しい

憎(にく)い　甘(あま)い　辛(から)い　塩辛(しおから)い　欲(ほ)しい　悔(くや)しい　嬉(うれ)しい　悲(かな)しい　懐(なつ)かしい

(2) 여러 활용예문

形は四角いです。(형태는 네모집니다)

パワーが弱いです。(파워가 약합니다)

距離は短かったです。(거리는 짧았습니다)

参加者は少なかったです。(참가자는 적었습니다)

このモデルは新しくありません。(이 모델은 새롭지 않습니다)

ホテルはここから遠くないです。(호텔은 여기서 멀지 않습니다)

問題は難しくなかったです。(문제는 어렵지 않았습니다)

料理は塩辛くありませんでした。(요리는 짜지 않았습니다)

その果物は甘くてすっぱいです。(그 과일은 달고 시큼합니다)

負けたのが悔しくてたまらない。(진 것이 분해서 견딜 수 없다)

母親を思い出すと悲しくなります。(모친을 생각하면 슬퍼집니다)

時々故郷が懐かしくなります。(때때로 고향이 그리워집니다)

4-3. な形容詞의 활용

	보통체	정중체
기본형	きれいだ	きれいです
과거형(た形)	きれいだった	きれいでした
부정형(ない形)	きれいで(は) ない	きれいでないです きれいで(は) ありません
과거부정형	きれいで(は) なかった	きれいでなかったです きれいで(は) ありませんでした
なる에 접속	きれいになる	きれいになります
체언에 접속	きれいな人だ	きれいな人です

(1) 사전형/기본형의 예

便利(べんり)だ　不便(ふべん)だ　上手(じょうず)だ　下手(へた)だ　大変(たいへん)だ

素敵(すてき)だ　和(なご)やかだ　簡単(かんたん)だ　まじめだ　穏(おだ)やかだ

親切(しんせつ)だ　速(すみ)やかだ　静(しず)かだ　清(きよ)らかだ　賑(にぎ)やかだ

(2) 여러 활용예문

ここは交通が便利です。(여기는 교통이 편리합니다)

彼女は料理が下手だ。(그녀는 요리가 서투르다)

社長は素敵でした。(사장님은 멋졌습니다)

ガイドがとても親切だった。(가이드가 매우 친절했다)

私の大学は有名ではない。(우리대학은 유명하지 않다)

服装は華やかではありません。(복장은 화려하지 않습니다)

母親は元気ではなかった。(어머니는 건강하지 않았다)

彼女が好きになりました。(그녀를 좋아하게 되었습니다)

昨日は大変な試合でした。(어제는 대단한 시합이었습니다)

4-4. い形容詞의 현재형 · 과거형

	현재형		과거형	
	긍정	부정	긍정	부정
軽(かる)い	軽い	軽くない	軽**かった**	軽**くなかった**
	軽いです	軽くないです 軽くありません	軽かったです	軽くなかったです 軽くありませんでした
痛(いた)い	痛い	痛くない	痛**かった**	痛**くなかった**
	痛いです	痛くないです 痛くありません	痛かったです	痛くなかったです 痛くありませんでした
高(たか)い	高い	高くない	高**かった**	高**くなかった**
	高いです	高くないです 高くありません	高かったです	高くなかったです 高くありませんでした
よい	よい / いい	よくない	よ**かった**	よ**くなかった**
	よいです いいです	よくないです よくありません	よかったです	よくなかったです よくありませんでした
ない	ない		な**かった**	
	ないです		なかったです	

4-5. な形容詞의 현재형·과거형

	현재형		과거형	
	긍정	부정	긍정	부정
必要(ひつよう)な	必要だ	必要ではない	必要だった	必要ではなかった
	必要です	必要ではありません	必要でした	必要ではありませんでした
苦手(にがて)な	苦手だ	苦手ではない	苦手だった	苦手ではなかった
	苦手です	苦手ではありません	苦手でした	苦手ではありませんでした
特別(とくべつ)な	特別だ	特別ではない	特別だった	特別ではなかった
	特別です	特別ではありません	特別でした	特別ではありませんでした
静(しず)かな	静かだ	静かではない	静かだった	静かではなかった
	静かです	静かではありません	静かでした	静かではありませんでした
きれいな	きれいだ	きれいではない	きれいだった	きれいではなかった
	きれいです	きれいではありません	きれいでした	きれいではありませんでした

※「～ではありません」=「～じゃありません」

4-6. 연결형태

(1) **「い形容詞+名詞」→「〜い N」**

これは甘いワインです。(이것은 달달한 와인입니다)

いちばん欲しいものはお金です。(가장 필요한 것은 돈입니다)

「い形容詞+動詞」→「〜く V」

黒い車が速く走っていった。(검은 차가 빨리 달려갔다)

お腹がだんだん痛くなった。(배가 점점 아파졌다)

「い形容詞+い形容詞」→「〜くて〜い」

このりんごは赤いです + 大きいです

→ このりんごは赤くて大きいです。(이 사과는 빨갛고 큽니다)

あの店は安いです + 美味しいです

→ あの店は安くて美味しいです。(그 가게는 싸고 맛있습니다)

(2) **「な形容詞+名詞」→「〜な N」**

絵が上手な人は妻です。(그림을 잘 그리는 사람은 아내입니다)

歌が下手な人は息子です。(노래가 서툰 사람은 아들입니다)

「な形容詞+動詞」→「〜に V」

引っ越しで便利になりました。(이사로 편리해졌습니다)

工事で不便に歩きました。(공사로 불편하게 걸었습니다)

「な形容詞+な形容詞」→「〜で〜だ」

私のアパートは静かだ + 便利だ

→ 私のアパートは静かで、便利だ。

(우리 아파트는 조용하고 편리하다)

妻は魚が好きです + 肉が嫌いです

→ 妻は魚が好きで、肉が嫌いです。

(아내는 생선을 좋아하고 고기를 싫어합니다)

(3) **「い形容詞＋な形容詞」→「〜くて〜だ」**

彼は背が高い ＋ ハンサムだ

→ 彼は背が高くてハンサムだ。(그는 키가 키고 미남이다)

娘は可愛いです ＋ まじめです

→ 娘はかわいくてまじめです。(딸은 예쁘고 성실합니다)

彼のスピーチは短かった ＋ 簡単だった

→ 彼のスピーチは短くて簡単だった。(그의 연설은 짧고 간단했다)

「な形容詞＋い形容詞」→「〜で〜い」

ここは買い物が不便だ ＋ 高い

→ ここは買い物が不便で高い。(여기는 쇼핑이 불편하고 비싸다)

彼女は親切です ＋ 優しいです

→ 彼女は親切でやさしいです。(그녀는 친절하고 상냥합니다)

(4) **「な形容詞＋い形容詞＋い形容詞」→「〜で〜くて〜い」**

このシャツは色がきれいだ ＋ デザインがいい ＋ 値段が安い

→ このシャツは色がきれいで、デザインがよくて値段が安い。

(이 셔츠는 색이 예쁘고 디자인이 좋고 가격이 싸다)

「い形容詞＋な形容詞＋い形容詞」→「〜くて〜で〜い」

あそこは人が多い ＋ にぎやかだ ＋ 広いです

→ あそこは人が多くてにぎやかで広いです。(저기는 사람이 많고 번잡하고 넓습니다)

「い形容詞＋い形容詞＋な形容詞」→「〜くて〜くて〜だ」

彼は若い ＋ 力強い ＋ 素敵だ

→ 彼は若くて力強くて素敵だ。(그는 젊고 힘세고 멋지다)

(5) **「名詞＋名詞」→「〜で(は) 〜だ」**

彼は台湾人だ ＋ 大学院生だ

→ 彼は台湾人で大学院生だ。(그는 대만인이고 대학원생이다)

これは教科書ではない ＋ 練習帳です

→ これは教科書ではなくて練習帳です。(이건 교과서가 아니라 연습장입니다)

5. 動詞의 활용

5-1. 動詞의 활용분류

일본어교육	국어교육	특징	예
I group동사	五段動詞	~U로 끝난다	買う　書く　話す　売る
II group동사	上一段動詞	~iRU로 끝난다	起きる　見る　生きる
	下一段動詞	~eRU로 끝난다	食べる　寝る　教える
III group동사	変格動詞	변칙활용을 한다	する　来る

5-2. 動詞의 ます形・ません形

group	사전형	~ます	~ません	作り方(연결방법)
I group	買う	買います	買いません	어미 ウ단을 イ단으로 바꾸고, 「ます/ません」연결
	書く	書きます	書きません	
	話す	話します	話しません	
	立つ	立ちます	立ちません	
	死ぬ	死にます	死にません	
	呼ぶ	呼びます	呼びません	
	読む	読みます	読みません	
	ある	あります	ありません	
	帰る	帰ります	帰りません	
	走る	走ります	走りません	
II group	見る	見ます	見ません	어미 る를 없애고, 「ます/ません」연결
	起きる	起きます	起きません	
	寝る	寝ます	寝ません	
	食べる	食べます	食べません	
III group	する	します	しません	어미 る를 떼고, 어간 ウ단을 イ단으로 바꾸고, 「ます/ません」연결
	くる	きます	きません	

5–2–1. 「사전형」에 연결되는 문형

明日**来る**かどうか分からない。→ 불확실

(내일 올지 말지 모른다)

朝早くから**練習する**はずだ。→ 단언, 확신

(아침 일찍부터 연습할 것이다)

今日雪が**降る**かも知れません。→ 개연성

(오늘 눈이 올지도 모릅니다)

日曜日に山へ**登る**つもりです。→ 의지, 의도

(일요일에 산에 오늘 생각입니다)

これから**出かける**ところです。→ 직전상태

(지금부터 외출하려던 참입니다)

この頃英語が**分かる**ようになった。→ 자연적 변화

(요즈음 영어를 알게 되었다)

来週から**ジョギングする**ことにした。→ 내 의지결정

(다음 주부터 조깅하기로 했다)

彼は四か国語で**話す**ことができる。→ 가능, 능력

(그는 4개 국어로 말할 수 있다)

学校の旅行で東京へ**行く**ことになった。→ 결정결과

(학교여행으로 도쿄에 가게 되었다)

私は大切なことを**忘れる**ことがある。→ 동작/사태가 간혹 발생

(나는 중요한 일을 잊어버리는 일이 있다)

彼女は来年**結婚する**と言った。→ 전언

(그녀는 내년에 결혼한다고 말했다)

外出が**できる**日は金曜日です。→ 연체수식

(외출이 가능한 날은 금요일입니다)

5-2-2. 「ます形」에 연결되는 문형

(1) 「ましょう」「ませんか」「ましょうか」

皆さん、**がんばり**ましょう。(여러분 분발합시다) → 제안, 독려

あの店で何か**食べ**ませんか。(저 가게에서 뭔가 먹을까요) → 권유

その荷物、私が**持ち**ましょうか。(그 물건 제가 들을까요) → 의견제시

(2) 목적, 희망, 추측, 명령을 나타낼 때

デパートへくつを**買い**に行く。(백화점에 구두 사러 간다) → 목적

私はビールが**飲み**たいです。(저는 맥주를 마시고 싶습니다) → 본인의 희망

子供は外で**遊び**たがっている。(아이는 밖에서 놀고 싶어 한다) → 타인의 희망

父親はこの頃とても**忙し**そうだ。(아빠는 요즘 매우 바쁜 것 같다) → 양태, 추측

今日はなるべく早く**帰り**なさい。(오늘은 가능한 빨리 귀가하세요) → 요청, 명령

(3) 「V1＋V2」 복합동사로 사용될 때

ちらほらと桜が**咲き**始めた。(드문드문 벚꽃이 피기 시작했다) → 개시, 시작

朝からずっと**運動し**続けて、疲れました。→ 계속

(아침부터 쭉 운동을 계속해서 지쳤습니다)

夜11時にやっと宿題の本を**読み**終わりました。→ 종료

(밤 11시에 겨우 숙제 낸 책을 다 읽었습니다)

80年代日本は外国人を積極的に**受け**入れた。→ 内방향

(80년대 일본은 외국인을 적극적으로 받아들였다)

(4) 「ます形＋**ながら**」와 「ます形＋**つつ**」의 차이

1) 「A ながら B」: A와 B 두 개의 동작을 동시에 할 때 사용.

音楽を聞きながら掃除した。(음악 들으며 청소했다)

お酒を飲みながら煙草を吸った。(술을 마시며 담배를 피웠다)

新聞を読みながら食事する。(신문을 보면서 식사한다)

大声で叫びながら走った。(큰소리로 떠들면서 달렸다)

A동작을 하는 사람과 B동작을 하는 사람은 같아야 한다.

私はテレビを見ながら、(私は) 運動している。(나는 TV보면서 운동하고 있다)

×私はテレビを見ながら、(息子は) 宿題をしている。

A에는「行く/来る/いる/分かる」등의 동사는 사용不可能.

×**行き**ながら飲む。→ **歩き**ながら飲む。

×**来**ながら食べる。→ **走り**ながら食べる。

2)「A つつ B」: A와 B 두 개의 동작을 같은 사람이 동시에 할 때 사용.

「～ながら」보다 딱딱한 표현으로, 문서체에서 사용됨.

森の中を歩きつつ、小説のことを考えた。

(숲속을 걸으며 소설을 생각했다)

海を右に見つつ、ドライブを続けた。

(우측바다를 보며 드라이브를 계속했다)

私は彼の話を聞きつつ、(私は) 彼女のことを考えていた。

(나는 그의 이야기를 들으며 그녀를 생각하고 있었다)

×**私は**彼の話を聞きつつ、**彼は**彼女のことを考えていた。

「A つつ(も) B」: B는 예상에 반하는 것으로, 화자의 후회나 반성을 표현.

煙草を止めようと思いつつも、つい吸ってしまう。

(담배는 끊으려고 해도 나도 모르게 피워버린다)

悪いと知りつつも、彼女の手紙を見てしまった。

(나쁘다고 알면서도 그녀의 편지를 읽어버렸다)

早くお礼を言おうと思いつつも、今日になってしまった。

(빨리 고마움을 전하려 했는데 오늘이 되어버렸다)

「つつも」문형은 ない形에 연결되지 않는다.

× 難しい本をよく分からないつつも、何とか最後まで読みきった。

難しい本をよく分からないながらも、何とか最後まで読みきった。

(어려운 책을 잘 모르면서 일단 끝가지 다 읽었다)

3) 「ます形+**つつある**」: 동작/작용이 진행/계속되고 있다는 문서체표현

地球は暑くなりつつある。(지구는 더워지고 있다)

その会社は成長しつつある。(그 회사는 성장하고 있다)

あのビルは完成しつつある。(저 빌딩은 완성돼 가고 있다)

体は順調に回復しつつある。(몸은 순조롭게 회복되고 있다)

(5) 「ます形+**がちだ**」와 「ます形+**ぎみだ**」의 차이

1) 「ます形+**がちだ**」: 좋지 않은 일이 **많다**는 것을 표현할 때 사용.

今年から学校を休みがちだ。(올해부터 학교를 자주 쉰다)

彼は最近、病気がちである。(그는 최근 자주 아프다)

この頃、天気が曇りがちだ。(요즘 날씨가 자주 흐리다)

彼女はいつも遠慮がちであります。(그녀는 언제나 너무 사양합니다)

2) 「ます形+**ぎみだ**」: 좋지 않은 일이 **시작됐다**는 것을 표현할 때 사용.

あの時計、少し遅れぎみだ。(저 시계 조금 늦은 것 같다)

この頃、少し疲れぎみである。(요즘 좀 피곤한 것 같다)

支持率はやや下がり気味だ。(지지율은 조금 하향추세다)

最近ちょっと太り気味である。(최근 조금 살찌는 것 같다)

彼は少し緊張気味だった。(그는 좀 긴장하는 것 같았다)

5-3. 動詞의 て形・た形

<table>
<tr><th colspan="2">group</th><th>사전형</th><th>～て形</th><th>～た形</th><th>作り方(연결방법)</th></tr>
<tr><td rowspan="11">I
group</td><td rowspan="2">い음편</td><td>書く</td><td>書いて</td><td>書いた</td><td rowspan="2">～く → ～いて、～いた
～ぐ → ～いで、～いだ</td></tr>
<tr><td>泳ぐ</td><td>泳いで</td><td>泳いだ</td></tr>
<tr><td rowspan="3">촉음편</td><td>買う</td><td>買って</td><td>買った</td><td rowspan="3">～う、～つ、～る
→ ～って、～った</td></tr>
<tr><td>立つ</td><td>立って</td><td>立った</td></tr>
<tr><td>帰る</td><td>帰って</td><td>帰った</td></tr>
<tr><td rowspan="3">발음편</td><td>死ぬ</td><td>死んで</td><td>死んだ</td><td rowspan="3">～ぬ、～ぶ、～む
→ ～んで、～んだ</td></tr>
<tr><td>呼ぶ</td><td>呼んで</td><td>呼んだ</td></tr>
<tr><td>読む</td><td>読んで</td><td>読んだ</td></tr>
<tr><td rowspan="2">기타</td><td>話す</td><td>話して</td><td>話した</td><td>～す → ～して、～した</td></tr>
<tr><td>行く</td><td>*行って</td><td>*行った</td><td>* 예외적인 경우</td></tr>
<tr><td colspan="2" rowspan="4">II
group</td><td>見る</td><td>見て</td><td>見た</td><td rowspan="4">～る → ～て、～た</td></tr>
<tr><td>起きる</td><td>起きて</td><td>起きた</td></tr>
<tr><td>寝る</td><td>寝て</td><td>寝た</td></tr>
<tr><td>食べる</td><td>食べて</td><td>食べた</td></tr>
<tr><td colspan="2" rowspan="2">III
group</td><td>する</td><td>して</td><td>した</td><td rowspan="2">어간을 イ단으로
바꾸고 て、た연결</td></tr>
<tr><td>くる</td><td>きて</td><td>きた</td></tr>
</table>

5–3–1. 3가지 音便(발음을 편하게 함)

(1) い음편동사 : 歩(ある)く　聞(き)く　驚(おどろ)く　働(はたら)く　動(うご)く　咲(さ)く　磨(みが)く　輝(かがや)く　吐(は)く
炊(た)く　浮(う)く　描(えが)く　注(そそ)ぐ　騒(さわ)ぐ　脱(ぬ)ぐ　継(つ)ぐ　漕(こ)ぐ

(2) 촉음편동사 : 思(おも)う　言(い)う　手伝(てつだ)う　行(おこな)う　通(かよ)う　酔(よ)う　従(したが)う　会(あ)う
立(た)つ　経(た)つ　育(そだ)つ　打(う)つ　持(も)つ　待(ま)つ
登(のぼ)る　成(な)る　入(はい)る　乗(の)る　叱(しか)る　知(し)る　走(はし)る　帰(かえ)る

(3) 발음편동사 : 飛(と)ぶ　並(なら)ぶ　結(むす)ぶ　喜(よろこ)ぶ　浮(う)かぶ　学(まな)ぶ　死(し)ぬ
刻(きざ)む　惜(お)しむ　頼(たの)む　進(すす)む　望(のぞ)む　込(こ)む　富(と)む

5–3–2. 「て形」에 연결되는 문형

(1) 「～てくる」

1) 과거부터 현재까지의 변화

ちょっと寒くなってきましたね。(좀 추워졌네요)

私は今まで頑張ってきた。(나는 지금까지 분발해 왔다)

さっき飲んだ痛み止めが効いてきた。

(아까 먹은 진통제가 듣기 시작했다)

インターネットを利用する人が多くなってきた。

(인터넷을 이용하는 사람이 많아졌다)

2) 접근, 다가옴

電話が掛ってくる。(전화가 걸려온다)

母親が子供を連れてきた。(엄마가 아이를 데려왔다)

友達が会社を訪ねてきた。(친구가 회사를 찾아왔다)

コンビニでビールを買ってきた。(편의점에서 맥주를 사왔다)

출현과정 : 現れてくる　生まれてくる　浮かんでくる　よみがえってくる

(2)「～ていく」

1) 현재부터 미래까지의 변화

日本の人口は減っていくだろう。(일본 인구는 줄어갈 것이다)

これからどんどん暑くなっていく。(이제부터 점점 더워진다)

彼はどんどん強くなっていくだろう。(그는 점점 강해질 것이다)

このまま値段が上がっていくと困る。(이대로 가격이 오르면 곤란하다)

これからも交通事故が増えていくだろう。(앞으로도 교통사고가 늘어갈 것이다)

2) 소멸과정 : 消えていく　　失っていく　　死んでいく

彼女はしだいにやせていった。(그녀는 점차 여위여 갔다)

病気で人々が死んでいった。(병으로 사람들이 죽어갔다)

(3)「～ておく＝～とく」　　「～ないでおく＝～ないどく」

1) 준비, 방임

ビールを冷やしておいた。(맥주를 차게 해두었다)

お客が来るから、掃除しておく。(손님이 와서 청소해둔다)

お弁当を作っておくつもりです。(도시락을 준비할 예정입니다)

お皿をもっと用意しておきます。(접시를 좀 더 준비하겠습니다)

言いたい人は言わせておく。(말하고 싶은 사람은 하게 둔다)

子供を泣かしておく。(아이를 울게 내버려둔다)

子供を遊ばせておく。(아이를 놀게 내버려둔다)

2) 일시적인 조치/체험

一応預っておこう。(일단 맡겨두자)

とりあえず、ここに置いておく。(우선, 여기에 둔다)

一度その人に会っておこう。(한번 그 사람을 만나보자)

一度は見ておくほうがよい。(한번은 봐두는 게 좋다)

(4)「~てしまう=~ちゃう」　「~でしまう=~じゃう」

1) 동작완료

ワインを一本飲んでしまった。(와인을 한 병 마셔버렸다)

書類に名前を書いてしまった。(서류에 이름을 써버렸다)

あの本は全部読んじゃったよ。(그 책은 전부 읽었어요)

そのケーキ全部食べちゃった。(그 케이크 전부 먹었다)

2) 유감, 아쉬움

糸が切れてしまった。(실이 끊어져버렸다)

紙が破れてしまった。(종이가 찢어져버렸다)

授業に遅れてしまいました。(수업에 늦어버렸습니다)

昨日うちの犬が死んでしまった。(어제 우리개가 죽어버렸다)

小遣いはもう使ってしまった。(용돈은 이미 써버렸다)

3) 무의지적인 동작

あがってしまった。(흥분해 버렸다)

せき/あくびをしてしまった。(기침/하품을 해버렸다)

彼は思わず笑い出してしまった。(그는 느닷없이 웃어버렸다)

(5)「~てみる」: 시험동작, 체험동작, 실현동작

このワイン、一度飲んでみよう。(이 와인 한번 마셔보자)

あの車、一度乗ってみたい。(저차 한번 타보고 싶다)

よく調べてみてから買います。(잘 알아보고 나서 삽니다)

もう一度よく考えてみる。(다시 한 번 잘 생각해 본다)

スーツを買う前に一度着てみる。(양복을 사기전에 한번 입어본다)

★「~てみる」의 형태로 잘 쓰이는 동사

감각활용의 동사 : 見る　聞く　味わう　さわる　のぞく　開ける　近付く

사고, 조사활동의 동사 : 調べる　探す　さぐる　考える

(6)「～てほしい」「～てもらいたい」: 상대방에게 의뢰/희망

ゆっくり話してほしいです。(천천히 말했으면 합니다)

これ、彼女に渡してほしい。(이거 그녀에게 전해줬으면 한다)

事務室まで来てもらいたい。(사무실까지 와줬으면 한다)

みんな参加してもらいたいです。(모두 참가했으면 합니다)

彼に指輪を買ってもらいたい。(그가 반지를 사줬으면 한다)

(7)「～ている」와「～てある」

1)「～を～他Vている」: 동작진행, 습관/반복

姉が窓を開けている。(누나가 창문을 열고 있다)

息子が漢字を書いている。(아들이 한자를 쓰고 있다)

店で紅茶を飲んでいる。(가게에서 홍차를 마시고 있다)

店の人が商品を並べている。(주인이 상품을 진열하고 있다)

毎日、新聞を読んでいる。(매일 신문을 읽고 있다)

毎月、映画を見ている。(매달 영화를 보고 있다)

毎週、クラブ活動をしている。(매주 클럽활동을 하고 있다)

毎年、論文を書いている。(매년 논문을 쓰고 있다)

2)「～が～他Vてある」: 의도적인 행위결과

窓は(私が) 開けてある。(창문은 내가 열어놓았다)

電気は(私が) つけてある。(전기불은 내가 켜놓았다)

書類は私が出してあります。(서류는 제가 제출했습니다)

水は私が入れてあります。(물은 제가 넣어두었습니다)

3)「～に V(さ) せてある」: 의도적인 방임

子供に遊ばせてある。(아이에게 놀게 내버려둔다)

AはBに待たせてある。(A는 B에게 기다리게 해둔다)

その仕事は彼に任せてある。(그 일은 그에게 맡겨두었다)

彼にパソコンを使わせてある。(그에게 컴퓨터를 사용하게 했다)

息子に牛乳を飲ませてある。(아들에게 우유를 마시게 해뒀다)

4)「～が～自Vている」: **상태변화/상태지속**

窓が開いている。(창문이 열려 있다)

糸が切れている。(실이 끊어져있다)

金魚が死んでいます。(금붕어가 죽었습니다)

★ 참고(의미상의 차이)

壁に絵が掛けてある。 : 의도적인 행위중시

壁に絵が掛けられている。 : 화자의 心的 태도 중시

壁に絵が掛っている。 : 단순 사실묘사

(8)「**～てください**」「**～てもいい**」「**～てはいけない**」

どうぞ、座ってください。(어서 앉아주세요) → 의뢰

ここで煙草を吸ってもいいですか。(여기서 담배를 피워도 좋나요) → 허가, 허용

勝手にゴミを捨ててはいけない。(함부로 쓰레기를 버려서 안 된다) → 금지

(9)「**～て {やる/あげる/くれる/もらう}**」

私は息子に本を読んでやった。(나는 아들에게 책을 읽어 주었다) → 나의 친절행위

彼女に日本語を教えてあげた。(그녀에게 일본어를 가르쳐 주었다) → 나의 친절행위

先生が論文をコピーしてくださった。(선생님이 논문을 복사해 주셨다)

→ 선생님의 친절행위+나의 감사한 마음

私は妻に仕事を手伝ってもらいました。(아내가 내 일을 도와주었습니다)

→ 내 의뢰+아내의 친절행위+나의 감사한 마음

5–3–3.「た形」에 연결되는 문형

(1)「**～たことがある**」: 경험, 「**～たことがない**」: 미경험

日本へ留学したことがある。(일본에 유학한 적이 있다)

ローマへ旅行したことがある。(로마에 여행간 적이 있다)

台湾へ一度も行ったことがない。(대만에 한 번도 간적이 없다)

가까운 과거에는 사용불가, 특별한 경험에는 사용가능

×昨日川で遊んだことがある。→ 昨日川で遊んだ。

学生/子供の時、川で遊んだことがある。(학생/어릴 때 강에서 논적이 있다)

×東京で昼御飯を食べたことがある。

東京でいちばん高い寿司屋で食べたことがある。

(동경에서 가장 비싼 초밥 집에서 먹은 적이 있다)

(2)「~たまま」와 「~たきり」

「A~たまま~する」: A동작후 그 상태가 지속될 때 사용

クーラーをつけたまま寝る。(에어컨을 킨 채로 잔다)

電気がついたままになっている。(불이 켜진 채로 되어 있다)

ドアは壊れたままになっている。(문은 망가진 채로 되어 있다)

家を出たまま行方が分からない。(집나온 채로 행방을 모른다)

「A~たきり~ない」: A동작후 예상사태가 발생하지 않을 때

昨夜食べたきり食べていない。(어제 밤 먹은 이후 안 먹었다)

妻に話したきり話していない。(아내에게 말한 이후 얘기 안했다)

一度お会いしたきり会っていない。(한번 만난이후 만나지 않았다)

彼は家を出たきり戻って来ない。(그는 집을 나간이후 안돌아온다)

(3)「~Aたとたん(に) B」: A동작 후 바로 예상외의 B동작 발생

母の顔を見たとたん、涙が出てきた。(엄마얼굴을 보자 눈물이 나왔다)

ドアを開けたとたん、猫が飛び込んできた。(문을 열자마자 고양이가 뛰어 들어왔다)

その請求書を見たとたん、顔が真っ青になった。(그 청구서를 본 순간 얼굴이 새파래졌다)

ケーキを一口食べたとたん、オレンジの香りが口の中に広がった。

(케이크를 한입 먹은 순간 오렌지향이 입안에 퍼졌다)

(4)「~たばかり(だ)」: 동작 완료직후

この靴はこの間買ったばかりだ。(이 구두는 일전에 샀다)

彼は去年結婚したばかりです。(그는 작년에 결혼했습니다)

先週日本に着いたばかりだ。(지난주 일본에 막 도착했다)

さっき昼ご飯を食べたばかりだ。(방금 점심을 막 먹었다)

今朝取れたばかりの魚を焼いた。(아침에 막 잡은 생선을 구웠다)

(5)「~たところ(だ)」: 동작종료 직후

ドアが開いたところです。(문이 막 열렸습니다)

今、食べ終わったところだ。(지금 막 다 먹었다)

空港に着いたところです。(공항에 막 도착했습니다)

「~Aたところ、B」: A동작 성립 후 B사실 발견

教室に行ってみたところ、学生は一人も来ていなかった。

(교실에 가봤더니, 학생은 한사람도 오지 않았다)

ホテルに電話したところ、彼は泊まっていないそうだ。

(호텔에 전화해봤더니, 그는 숙박 안했다고 한다)

(6)「~たほうがいい」: 충고　　「~るほうがいい」: 제안

君が直接話すほうがいい。(네가 직접 말하는 게 좋다)

早めに予約するほうがいい。(일찍 예약하는 게 좋다)

チケットは早く買ったほうがいい。(티켓은 빨리 사는 게 좋다)

薬を飲んで寝るほうがいい。(약을 먹고 자는 게 좋다)

痛かったら医者に行ったほうがいい。(아프면 의사에게 가는 게 좋다)

彼と付き合うのは止めたほうがいい。(그와 사귀는 것은 그만두는 게 좋다)

なるべく早く結果を出したほうがいい。(가능한 빨리 결과를 내는 게 좋다)

(7) 그밖에「た形」을 사용하는 문형

電気がついたり消えたりしています。(불이 켜졌다 커졌다 합니다) → 열거

テニスした後で、シャワーをしました。(테니스한 후 샤워를 했습니다) → 동작완료

疲れたら、少し休んだらどうですか。(피곤하면 좀 쉬면 어떨까요) → 권유

暖かくなったら、花見に行きましょう。(따뜻해지면 꽃구경하러 갑시다)→ 제안

5-4. 動詞의 たい形·ない形

group	사전형	~たい形	연결	~ない形	연결
I group	買う	買いたい	어미 ウ단을 イ단으로 바꾸고, たい연결	買わない	어미 ウ단을 ア단으로 바꾸고, ない연결
	書く	書きたい		書かない	
	話す	話したい		話さない	
	死ぬ	死にたい		死なない	
	読む	読みたい		読まない	
	帰る	帰りたい		帰らない	
	走る	走りたい		走らない	
II group	いる	いたい	어미 る를 없애고, たい연결	いない	어미 る를 없애고, ない연결
	起きる	起きたい		起きない	
	寝る	寝たい		寝ない	
	食べる	食べたい		食べない	
III group	する	したい		しない	
	くる	きたい		こない	

5-4-1. 「たい形」의 특징

(1) 동사의 연결형태 : **「ます形+たい」**

聞く → 聞きます : 聞きたい

入る → 入ります : 入りたい

洗う → 洗います : 洗いたい

見る → 見ます : 見たい

育つ → 育ちます : 育ちたい

頼む → 頼みます : 頼みたい

捨てる → 捨てます : 捨てたい

学ぶ → 学びます : 学びたい

引っ越す → 引っ越します : 引っ越したい

(2) 「~たい」「~ほしい」는 1인칭의 희망표현으로 사용된다.

私はゆっくり休み**たい**。(나는 푹 쉬고 싶다)

私は富士山に登り**たい**。(나는 후지산에 오르고 싶다)

私はスペインへ行き**たい**。(나는 스페인에 가고 싶다)

私は早く帰国し**たい**です。(저는 빨리 귀국하고 싶습니다)

私は新しい車が**ほしくない**。(나는 새 차가 필요하지 않다)

私は庭がある家が**ほしい**。(나는 정원 있는 집이 필요하다)

私は彼女と付き合い**たくない**。(나는 그녀와 사귀고 싶지 않다)

※「1인칭+Nがほしい」　「2인칭+Nがほしいですか」

「3인칭+Nがほしいようだ/らしい」　「3인칭+Nをほしがっている」

私は新しい車がほしい。(나는 신차가 필요하다)

あなたは何がほしいですか。(당신은 무엇이 필요합니까)

息子はパソコンがほしいようだ。(아들은 컴퓨터가 필요한 모양이다)

彼はいつも休みをほしがっている。(그는 언제나 휴일을 원하고 있다)

◆ 3인칭의 희망표현은 「~たがる」「~ほしがる」로 나타낸다.

彼女は休み**たがって**います。(그녀는 쉬고 싶어 합니다)

Bは早く帰り**たがらない**。(B는 빨리 안 돌아가고 싶어한다)

Cは漢字を覚え**たがらない**。(C는 한자를 안 익히려고 한다)

彼はカメラを**欲しがって**いる。(그는 카메라를 필요로 한다)

Aは新しい物を**欲しがらない**。(A는 새것을 탐내지 않는다)

◆ 1인칭과 3인칭의 희망표현을 같이 표현하고 싶을 때는

私は海外旅行し**たい**が、友達は行き**たがらない**。

(나는 해외여행가고 싶지만, 친구는 안가고 싶어 한다)

私は公務員になり**たい**が、兄は先生になり**たがって**いる。

(나는 공무원이 되고 싶지만, 형은 교사가 되고 싶어한다)

私は大型テレビが**ほしい**が、妻は車を**欲しがっている**。

(나는 대형TV가 필요하지만, 아내는 차를 필요로 한다)

私はビールが**ほしくない**が、彼はビールを**欲しがっている**。

(나는 맥주가 필요 없지만, 그는 맥주를 필요로 한다)

5–4–2. 「ない形」의 특징

(1) 「**ない形**」에 연결되는 문형

注意し**ない**と病気になるよ。→ **가정**(안 좋은 평가)

(주의하지 않으면 병에 걸려요)

眼鏡をかけ**ない**とよく見えない。→ **가정**(안 좋은 평가)

(안경을 쓰지 않으면 잘 보이지 않는다)

背が高く**ない**とファッションモデルにはなれない。→ **가정**(안 좋은 평가)

(키가 크지 않으면 패션모델은 될 수 없다)

病院へは行か**ない**つもりです。→ **예정의지**

(병원에는 가지 않을 생각입니다)

たばこは、もう決して吸わ**ない**つもりだ。→ **예정의지**

(담배는 이제 절대로 안 피울 생각이다)

ダンスパーティーは行わ**ない**ことになった。→ **결론, 결과**

(댄스파티는 열지 않게 되었다)

来週の出張は行か**ない**ことになった。→ **결론, 결과**

(다음 주 출장은 안 가게 되었다)

私はもう彼女には会わ**ない**ことにした。→ **내 결정**

(나는 이제 그녀를 만나지 않기로 했다)

これから甘いものは食べ**ない**ことにする。→ **내 결정**

(이제부터 단 것은 먹지 않기로 한다)

私は時々昼御飯を食べ**ない**ことがあります。→ **동작/사태의 발생**

(나는 가끔 점심을 먹지 않는 일이 있습니다)

ここは2ヶ月以上も雨が降ら**ない**ことがある。→ **동작/사태의 발생**

(여기는 2개월 이상이나 비가 안 오는 일이 있다)

その話は聞か**なかった**ことにしましょう。→ **취급**

(그 이야기는 안 들었던 것으로 하자)

あまりお酒を飲ま**ない**ように言ってください。→ **주의**

(너무 술을 마시지 않도록 말해 주세요)

風邪をひか**ない**ように気をつけてください。→ **주의**

(감기 걸리지 않도록 주의해 주세요)

表情を見ると、あまり美味しく**ない**ようだ。→ **추량**

(표정을 보면 그다지 맛있지 않은 모양이다)

あの人はこの大学の学生では**ない**らしい。→ **추측**

(저 사람은 이 대학 학생이 아닌 것 같다)

(2) **「~ないで」=「~ずに」**

傘を持たずに出かけた。(우산을 안가지고 나갔다)

= 傘を持たないで出かけた。

ゆうべ食事せずに寝た。(어제 저녁 식사 안하고 잤다)

= ゆうべ食事しないで寝た。

全然休まずに仕事をした。(전혀 쉬지 않고 일을 했다)

= 全然休まないで仕事をした。

サボらずに働いた。(빠지지 않고 일했다)

= サボらないで働いた。

宿題をせずに学校に来た。(숙제 안하고 학교에 왔다)

= 宿題をしないで学校に来た。

5-5.「動詞・形容詞・名詞+だ」의 과거형/부정형/과거부정형

분류		사전형	과거형	부정형	과거부정형
動詞	ⅠG	書く 行く 読む ある	書いた 行った 読んだ あった	書かない 行かない 読まない ない	書かなかった 行かなかった 読まなかった なかった
	ⅡG	食べる 疲れる	食べた 疲れた	食べない 疲れない	食べなかった 疲れなかった
	ⅢG	する くる	した きた	しない こない	しなかった こなかった
い形容詞		長い 安い いい	長かった 安かった よかった	長くない 安くない よくない	長くなかった 安くなかった よくなかった
な形容詞		静かだ 好きだ	静かだった 好きだった	静かではない 好きではない	静かではなかった 好きではなかった
名詞		学生だ 銀行だ	学生だった 銀行だった	学生ではない 銀行ではない	学生ではなかった 銀行ではなかった

(1)「～ないです = ～ません」

行かないです = 行きません (가지 않습니다)

読まないです = 読みません (읽지 않습니다)

高くないです = 高くありません (비싸지 않습니다)

悪くないです = 悪くありません (나쁘지 않습니다)

好きではないです = 好きではありません = 好きじゃありません

先生ではないです = 先生ではありません = 先生じゃありません

友達ではないです = 友達ではありません = 友達じゃありません

静かではないです = 静かではありません = 静かじゃありません

(2)「～なかったです = ～ませんでした」

行かなかったです = 行きませんでした (가지 않았습니다)

読まなかったです = 読みませんでした (읽지 않았습니다)

高くなかったです = 高くありませんでした (비싸지 않았습니다)

悪くなかったです = 悪くありませんでした (나쁘지 않았습니다)

5-6. 動詞의 가정형 「～ば」「～なければ」

분류		사전형	～ば形	연결방법	～なければ形	연결방법
動詞	ⅠG	買う	買えば	어미 ウ단을 エ단으로 바꾸고, ば연결	買わなければ	어미 ウ단을 ア단으로 바꾸고, なければ연결
		行く	行けば		行かなければ	
		話す	話せば		話さなければ	
		読む	読めば		読まなければ	
		ある	あれば		なければ	
	ⅡG	いる	いれば	어미 る를 れ로 바꾸고, ば연결	いなければ	어미 る를 없애고, なければ연결
		起きる	起きれば		起きなければ	
		寝る	寝れば		寝なければ	
		食べる	食べれば		食べなければ	
	ⅢG	する	すれば		しなければ	
		来る	くれば		こなければ	
い形容詞		高い	高ければ	어미 い를 けれ로 바꾸고, ば연결	高くなければ	어미 い를 く로 바꾸고, なければ 연결
		暑い	暑ければ		暑くなければ	
		いい	よければ		よくなければ	
な形容詞		元気だ	元気ならば	어미 だ를 なら로 바꾸고, ば연결	元気でなければ	어미 だ를 で로 바꾸고, なければ연결
		便利だ	便利ならば		便利でなければ	
		上手だ	上手ならば		上手でなければ	

それはやればできます。(그것은 하면 됩니다)

ゆっくり読めば理解できます。(천천히 읽으면 이해됩니다)

新製品は高ければ買わない。(신제품은 비싸면 안 산다)

話さなければ分かりません。(말하지 않으면 모릅니다)

調子がよくなければ行かない。(컨디션이 안 좋으면 안 간다)

交通が便利ならばいいけど、不便ならば検討すべきだ。

(교통이 편리하면 좋지만 불편하면 검토해야 한다)

5-7. 動詞의 가능형과 불가능형

group	사전형	가능형	연결방법	불가능형	연결방법
I group	会う	会える	어미 ウ단을 エ단으로 바꾸고, る연결	会えない	가능형 어미 る를 없애고, ない연결
	泳ぐ	泳げる		泳げない	
	待つ	待てる		待てない	
	選ぶ	選べる		選べない	
	入る	入れる		入れない	
	休む	休める		休めない	
	送る	送れる		送れない	
II group	いる	いられる	어미 る를 られる로 교체	いられない	
	起きる	起きられる		起きられない	
	教える	教えられる		教えられない	
	覚える	覚えられる		覚えられない	
III group	する	できる	특이형태	できない	
	来る	こ(ら)れる		こ(ら)れない	

5–7–1. 可能動詞

(1) Ⅰgroup동사 → **可能動詞** =「사전형+ことができる」

Ⅰgroup동사의 사전형(る形) 은 활용어미 ウ단을 エ단으로 바꾸고 る를 첨가하면 가능동사가 되고,「사전형(る形) + ことができる」와 같은 의미를 가진다.

会う → 会**える**(可能動詞) = 会うことができる(可能表現)

会**えない**(不可能) = 会うことができない(不可能表現)

泳ぐ → 泳げる(可能動詞) = 泳ぐことができる(可能表現)

泳**げない**(不可能) = 泳ぐことができない(不可能表現)

話す → 話**せる**(可能動詞) = 話すことができる(可能表現)

話**せない**(不可能) = 話すことができない(不可能表現)

待つ → 待**てる**(可能動詞) = 待つことができる(可能表現)

待**てない**(不可能) = 待つことができない(不可能表現)

飛ぶ → 飛**べる**(可能動詞) = 飛ぶことができる(可能表現)

飛**べない**(不可能) = 飛ぶことができない(不可能表現)

進む → 進**める**(可能動詞) = 進むことができる(可能表現)

進**めない**(不可能) = 進むことができない(不可能表現)

走る → 走**れる**(可能動詞) = 走ることができる(可能表現)

走**れない**(不可能) = 走ることができない(不可能表現)

▼ I group동사의 대부분이 가능동사가 될 수 있지만, 자연현상을 나타내는 동사 「降る くもる 散る 咲く」와 「知る 要る きらう ある」 등은 불가능하다. 또한 가능동사는 조사 「を格」 취하지 않고 「が格」을 취한다.

英語の本を読んだ。(영어책을 읽었다)

→ 英語の本が**読めた**。(영어책을 읽을 수 있었다)

難しい漢字を書いた。(어려운 한자를 썼다)

→ 難しい漢字が**書けた**。(어려운 한자를 쓸 수 있었다)

娘はギターを弾いた。(딸은 기타를 쳤다)

→ 娘はギターが**弾けた**。(딸은 기타를 칠 수 있었다)

(2) Ⅱgroup동사 → **可能動詞** = 「사전형+ことができる」

Ⅱgroup동사의 사전형(る形) 은 활용어미 る를 られる로 바꾸면 가능동사가 되고, 「사전형(る形) +ことができる」와 같은 의미를 가진다.

見る → 見(ら) **れる**(可能動詞) = 見ることができる(可能表現)

見**られない**(不可能) = 見ることができない(不可能表現)

寝る → 寝(ら) **れる**(可能動詞) = 寝ることができる(可能表現)

寝**られない**(不可能) = 寝ることができない(不可能表現)

食べる → 食べ(ら) **れる**(可能動詞) = 食べることができる(可能表現)

食べ**られない**(不可能) = 食べることができない(不可能表現)

起きる → 起き(ら) **れる**(可能動詞) = 起きることができる(可能表現)

起き**られない**(不可能) = 起きることができない(不可能表現)

覚える → 覚え(ら) **れる**(可能動詞) = 覚えることができる(可能表現)

覚え**られない**(不可能) = 覚えることができない(不可能表現)

▼ Ⅱgroup동사의 가능동사는 활용어미 **る**를 **られる**로 바꾸는 것이 원칙이지만, ら를 생략하고 れる만 붙여서 사용(**ら抜き言葉**) 되기도 한다.

食べる → 食べられる = 食べれる,　食べられない = 食べれない

生きる → 生きられる = 生きれる,　生きられない = 生きれない

教える → 教えられる = 教えれる,　教えられない = 教えれない

寝る → 寝られる = 寝れる,　寝られない = 寝れない

止める → 止められる = 止めれる,　止められない = 止めれない

助ける → 助けられる = 助けれる,　助けられない = 助けれない

(3) Ⅲgroup동사는 특이형태이므로, 주의를 요한다.

する → **できる**(可能動詞) = することができる(可能表現)

できない(不可能) = することができない(不可能表現)

来る → 来(ら) **れる**(可能動詞) = 来ることができる(可能表現)

こ(ら) れない(不可能) = 来ることができない(不可能表現)

5–7–2. 그 밖의 가능표현과 참고사항

(1) 「**動詞의 ます形＋得(うる/える)**」를 사용한 가능표현

有りうる話ではない。(있을 수 있는 이야기는 아니다)

そんなことはありえない。(그런 일은 있을 수 없다)

その仕事は誰もなし得ない。(그 일은 누구도 이룰 수 없다)

(2) **動詞**자체에 가능의 의미가 있으면, 가능동사를 사용할 필요가 없다.

テレビの音が大きくて、電話の声がよく聞こえません。

(TV소리가 커서 전화소리가 잘 들리지 않습니다)

今日は天気がいいから、星がよく見えます。(오늘은 날씨가 좋으니까 별이 잘 보입니다)

先生はゆっくり話してくださるので、よく分かります。

(선생님은 천천히 말씀해 주셔서 잘 이해됩니다)

(3) 주어가 무생물인 경우, 가능동사를 사용하지 않는다.

×あ、**水**がよく流れられません。

→ あ、**水**がよく流れません。(아 물이 잘 흐르지 않습니다)

×**電池**がないので、このおもちゃは動けません。

→ **電池**がないので、このおもちゃは動きません。(건전지가 없어서 이 장난감은 움직이지 않습니다)

5–7–3. 可能表現의 의미

(1) 능력으로서의 가능성

彼女は中国語が話せる。(그녀는 중국어를 말할 수 있다)

彼は50メートルを片手で泳げる。(그는 50m를 한 손으로 수영할 수 있다)

(2) 특성으로서의 가능성

この水は飲める。(이 물은 마실 수 있다)

この辺りでは、魚が良く釣れた。(이 주변에서는 물고기가 잘 잡혔다)

(3) 허가

ここからは入れない。(여기부터는 들어갈 수 없다)

検査のため、ご飯が食べられない。(검사를 위해 밥을 먹을 수 없다)

(4) 개연성

明日彼女が来ることもありうる。(내일 그녀가 올수도 있다)

1時間後に彼が死ぬということはありえない。(1시간 후에 그가 죽는다는 것은 있을 수 없다)

(5) 기대 · 의도한 운동의 실현

なかなかふたが取れない。(좀처럼 뚜껑이 열리지 않는다)

コンサートのチケットを買うことができた。(콘서트티켓을 살 수 있었다)

(6) 기대 · 의도와 관계없는 변화의 실현

ボタンが取れた。(단추가 떨어졌다)

きちんと結んでおいたひもがほどけた。(꽉 매어둔 끈이 풀렸다)

5-8. 動詞의 가정(～と) 形 · 의지(～よう) 形

<table>
<tr><th>group</th><th>사전형</th><th>～と形</th><th>연결방법</th><th>의지형</th><th>연결방법</th></tr>
<tr><td rowspan="7">I group</td><td>買う</td><td>買うと</td><td rowspan="13">사전형 + と</td><td>買おう</td><td rowspan="7">어미 ウ단을 オ단으로 바꾸고 う연결</td></tr>
<tr><td>行く</td><td>行くと</td><td>行こう</td></tr>
<tr><td>話す</td><td>話すと</td><td>話そう</td></tr>
<tr><td>死ぬ</td><td>死ぬと</td><td>死のう</td></tr>
<tr><td>読む</td><td>読むと</td><td>読もう</td></tr>
<tr><td>帰る</td><td>帰ると</td><td>帰ろう</td></tr>
<tr><td>ある</td><td>あると</td><td>×</td></tr>
<tr><td rowspan="4">II group</td><td>いる</td><td>いると</td><td>いよう</td><td rowspan="4">어미 る를 없애고, よう연결</td></tr>
<tr><td>起きる</td><td>起きると</td><td>起きよう</td></tr>
<tr><td>寝る</td><td>寝ると</td><td>寝よう</td></tr>
<tr><td>食べる</td><td>食べると</td><td>食べよう</td></tr>
<tr><td rowspan="2">III group</td><td>する</td><td>すると</td><td>しよう</td><td rowspan="2">어간이 바뀌어 よう연결</td></tr>
<tr><td>来る</td><td>くると</td><td>こよう</td></tr>
</table>

5-8-1. 동사의 가정(～と) 形

: [～하면]의 의미로「Aをすると、Bになる」문형으로 사용된다.

(1) 자연현상

春が来ると、暖かくなります。(봄이 오면 따뜻해집니다)

冬になると、雪が降ります。(겨울이 되면 눈이 옵니다)

5月になると、花が咲きます。(5月이 되면 꽃이 핍니다)

天気がいいと、海が見える。(날씨가 좋으면 바다가 보인다)

(2) 계기

このボタンを押すと、止まる。(이 단추를 누르면 멈춘다)

無理をすると、病気になる。(무리하면 아프게 된다)

薬を飲むと、眠くなります。(약을 먹으면 졸리게 됩니다)

(3) 발견

左に曲がると、本屋があった。(왼쪽으로 돌자 서점이 있었다)

ドアを開けると、彼が立っていた。(문을 열자 그가 서있었다)

箱を開けると、時計が入っていた。(상자를 열자 시계가 들어있었다)

5–8–2. 동사의 의지(～よう) 形 : 「～하자」의 의미로 사용된다.

今日は帰ろう。(오늘은 돌아가자)

あの人に頼もう。(그 사람에게 부탁하자)

70歳まで働こう。(70세까지 일하자)

頂上まで登ろう。(정상까지 오르자)

朝早く起きよう。(아침 일찍 일어나자)

これに決めよう。(이것으로 결정하자)

(1) **1**인칭의 의지/의도

「～(よ) **うとする**」는 [～하기 직전, ～하도록 노력한다]는 의미.

私はお金を払おうとした。その時、妻が「私が払うよ」と言った。

(내가 돈을 내려고 했다. 그때 아내가 낸다고 말했다)

「～(よ) うと＋思う/ 思わない」: 내 의지를 현시점에서 직접 표현할 때

今日はゆっくり休もうと思う。(오늘은 푹 쉬려고 한다)

私は彼女と結婚しようと思う。(나는 그녀와 결혼하려고 한다)

私は彼女と結婚しようとは思わない。(나는 그녀와 결혼하려고 생각하지 않는다)

「～(よ) うと＋思っている/ 思っていない」: 내 의지가 과거에서 현재까지 지속될 때

その仕事はやめようと思っている。(그 일은 관두려고 한다)

私は夏休みにロンドンへ行こうと思っている。(나는 여름방학에 런던에 가려고 하고 있다)

私は来年アメリカへ行こうと思っていません。

(저는 내년에 미국에 가려고 생각하고 있지 않습니다)

※ **「～つもりです」**: 미래의 행동예정을 적극 설명할 때

会議に参加するつもりだ。(회의에 참가할 생각이다)

ハワイへ旅行するつもりだ。(하와이에 여행갈 생각이다)

友人が来たら、私は東京を案内するつもりだ。(친구가 오면 나는 도쿄를 안내할 생각이다)

不定形은 **「~ないつもりです」「~つもりはありません」「~つもりはないです」**

私は今すぐ行くつもりはない。(나는 지금 바로 갈 생각은 없다)

煙草は決して吸わないつもりだ。(담배는 절대 안 피울 생각이다)

この失敗であきらめるつもりはないです。(이 실패로 단념할 생각은 없습니다)

私は来月にハワイへ旅行しないつもりです。

(저는 다음 달에 하와이에 여행가지 않을 예정입니다)

私は来月にハワイへ旅行するつもりはありません。

(저는 다음 달에 하와이에 여행갈 생각은 없습니다)

(2) **3**인칭의 의지/의도 : **「~(よ) うと+している/ 思っている」**

彼は知っている言葉を使って、一生懸命英語で話そうとしている。

(그는 아는 말을 사용해 열심히 영어로 말하려고 하고 있다)

彼女は毎日自分で料理を作ろうと思っています。

(그녀는 매일 스스로 요리를 만들려고 하고 있습니다)

あなたは国へ帰ったら何をしようと思っていますか。

(당신은 고국에 돌아가면 무엇을 하려고 생각하고 있습니까)

※「つもり」를 이용하여 **3**인칭의 의지를 나타내고 싶으면,

「~つもり+なのです/ のようです/ だそうです/ だと言っている」

彼は花子に指輪をあげるつもりだそうです。(그는 하나꼬에게 반지를 줄 생각이라고 한다)

彼は国へ帰るつもりのようです。(그는 고국에 돌아갈 모양입니다)

今日、彼は会議に参加するつもりだと言っている。(오늘 그는 회의에 참가할 예정이라고 한다)

彼は彼女に東京を案内するつもりなのです。(그는 그녀에게 도쿄를 안내할 생각입니다)

※「~つもりですか」는 손위 사람이나 안 친한 사람에게 사용할 수 없다.

× 田中さんは卒業した後、何をするつもりですか。

× 先生は来週、何をするつもりですか。

5-9. 動詞의 사역형 · させていただく

사역형「~(さ) せる」는 강제성을 동반하는 [~시키다]에 대응하는 것보다도, **허용/배려**하거나 의지와 상관없는 **유발**의 의미로 사용되는 것이 많기 때문에,「~(さ) せる」는 [~하게 하다],「~させていただきます」는 [~하도록 하겠습니다]와 대응관계가 성립한다.

group	사전형	사역형	연결방법	(さ) せていただきます
I group	会う	会**わ**せる	어미 ウ단을 ア단으로 바꾸고, **せる**연결	会**わ**せていただきます
	泳ぐ	泳**が**せる		泳**が**せていただきます
	待つ	待**た**せる		待**た**せていただきます
	選ぶ	選**ば**せる		選**ば**せていただきます
	入る	入**ら**せる		入**ら**せていただきます
	休む	休**ま**せる		休**ま**せていただきます
	送る	送**ら**せる		送**ら**せていただきます
II group	いる	いさせる	어미 る를 **させる**로 교체	いさせていただきます
	起きる	起きさせる		起きさせていただきます
	受ける	受けさせる		受けさせていただきます
	覚える	覚えさせる		覚えさせていただきます
III group	する	**させる**	특이형태	させていただきます
	来る	こさせる		こさせていただきます

5–9–1. 使役文의 구문적 특징

기본문 「Xが(Nを) V–る」과 사역문 「YがXに(Nを) V–(さ) せる」의 관계를 살펴보면, 사역자Y가 새롭게 주어로 등장하면서, 행위자X의 格이 교체되고, 동사의 어미에 조동사 「(さ) せる」가 첨가된다. [Yが/は, Xが → Xに, V–る → V–(さ) せる]

兄が荷物を持つ。→ **父親が**兄に荷物**を**持たせた。

(아빠가 형에게 짐을 가져오게 했다)

男が名前を言う。→ **警察官は**男に名前**を**言わせた。

(경찰관은 남자에게 이름을 말하게 했다)

娘がゲームをやる。→ **母親が**娘にゲーム**を**やらせた。

(엄마가 딸에게 게임을 하게 했다)

5–9–2. 使役文의 의미적 특징

(1) 강제使役 : 「Y は/が X に (Nを) V(さ)せる」 문형으로,

상위자가 하위자에게 지시/명령해서 무언가를 시킬 때 사용한다.

息子が病院へ行った。→ **妻が**息子に病院へ行かせた。

(아내가 아들에게 병원에 가게 했다)

娘がシャツを洗った。→ **母親が**娘にシャツ**を**洗わせた。

(엄마가 딸에게 셔츠를 빨게 했다)

店員が8時に店へ来た。→ **店長は**店員に8時に店へ来させた。

(점장은 점원에게 8시에 가게에 오게 했다)

社員が辞書で調べた。→ **社長は**社員に辞書で調べさせた。

(사장은 사원에게 사전에서 찾게 했다)

子供が安全な道を通った。→ **私は**子供に安全な道**を**通らせた。

(나는 아이에게 안전한 길을 건너게 했다)

(2) 허용使役：「Yは/が Xを V(さ)せる」「Yは/が Xに Nを V(さ)せる」문형으로,

어떤 사태를 허용하거나 배려할 때 사용한다.

学生達が勝手に遊んだ。→ **先生は**学生達**を**勝手に遊ばせた。

(선생님은 학생들을 맘대로 놀게 했다)

犬が公園の中を走った。→ **私は**犬**に**公園の中**を**走らせた。

(나는 개한테 공원 속을 달리게 했다)

子供が自由に本を選んだ。→ **母親が**子供**に**自由に本**を**選ばせた。

(엄마가 아이에게 자유롭게 책을 고르게 했다)

息子が好きなゲームをやった。→ **私は**息子**に**好きなゲーム**を**やらせた。

(나는 아들에게 좋아하는 게임을 하게 했다)

(3) 유발使役：「Yは/が Xを V(さ)せる」문형으로,

사태발생이 사역자의 의지와는 무관하게 행해질 때 사용한다.

私がびっくりした。→ **妻は**私**を**びっくりさせた。

(아내는 나를 놀라게 했다)

父親が怒った。→ **私は**うそを言って父親**を**怒らせた。

(나는 거짓을 말해 아버지를 화나게 했다)

みんなが驚いた。→ **彼女の結婚は**みんな**を**驚かせた。

(그녀의 결혼은 모두를 놀라게 했다)

母親が心配した。→ **息子が**怪我をして母親**を**心配させた。

(아들이 부상을 입어 엄마를 걱정하게 했다)

両親が喜んだ。→ **娘が**妊娠したと言って両親**を**喜ばせた。

(딸이 임신했다고 말해 부모를 기쁘게 했다)

みんなが笑った。→ **先生が**面白いことを言ってみんな**を**笑わせた。

(선생님이 재미있는 말을 해서 모두를 웃게 했다)

5–9–3. 「~させて {もらう/いただく}」文과「~させてください」文의 표현차이

「~させて {もらう/いただく}」 문형은 허가/승낙의 의미로 사용되고, 「~させてください」 문형은 의뢰의 의미로 사용된다.

わたしにも(あなたに) 言わせてもらいます。

저도 말하도록 하겠습니다. ?私も言います。(통보)

わたしにも言わせてください。(저도 말하게 해 주세요)

(私が) 先に歌わせてもらいます。

먼저 노래하도록 하겠습니다. ?先に歌います。 (통보)

先に歌わせてください。(먼저 노래하게 해 주세요)

それでは、(私が) 発表させていただきます。

그럼 발표하도록 하겠습니다. ?それでは発表します。 (통보)

それでは、発表させてください。(그럼 발표하게 해 주세요)

(私が) しっかり覚えさせていただきます。

확실히 외우도록 하겠습니다. ?しっかり覚えます。 (통보)

しっかり覚えさせてください。(확실히 외우게 해 주세요)

では、(私が) 先に選ばせていただきます。

그럼 먼저 고르도록 하겠습니다. ?では、先に選びます。 (통보)

では、先に選ばせてください。(그럼 먼저 고르게 해주세요)

来月限りで、(私が) 辞めさせていただきます。

다음 달로 그만두도록 하겠습니다. ?来月限りで辞めます。 (통보)

来月限りで辞めさせてください。(다음달로 그만두게 해 주세요)

明日は(私が) 会社を休ませていただきます。

내일은 회사를 쉬도록 하고 싶습니다. ?明日は会社を休みたいです。 (통보)

明日は会社を休ませてください。(내일은 회사를 쉬게 해 주세요)

この次は、私に話させていただきたいです。

이 다음은 제가 말하도록 하겠습니다. ?この次は私が話します。 (통보)

この次は、私に話させてください。(이 다음은 제게 말하게 해 주세요)

来週のコンパに(私が) 参加させていただきたいです。

다음 주 모임에 참가하도록 하겠습니다. ?来週のコンパに参加します。 (통보)

来週のコンパに参加させてください。(다음주 모임에 참가하게 해 주세요)

先生、午後の授業を欠席させていただきたいです。

선생님 오후수업 결석하도록 하겠습니다. ?先生、午後の授業を欠席します。 (통보)

先生、午後の授業を欠席させてください。(선생님, 오후 수업을 결석하게 해 주세요)

5–9–4. 使役文과 「～てもらう」文의 표현차이

사역문은 지시나 명령에 의한 강제성이 수반되지만, 「~てもらう」文은 의뢰에 의한 친절 행위로 감사한 마음을 전하기 위해 사용된다.

父は息子にビールを買ってきてもらった。→ 의뢰/친절행위/감사

(아빠가 아들에게 부탁+아들의 친절한 행위+아들에게 감사)

(아들이 아빠의 부탁으로 맥주를 사왔다)

父は息子にビールを買って来させた。→ 지시/명령/강제성

(아빠가 아들에게 지시해서 맥주를 사오게 했다)

部長は課長に仕事を手伝ってもらった。→ 의뢰/친절행위/감사

(부장이 과장에게 부탁+과장의 친절한 행위+과장에게 감사)

(과장님이 부장님 부탁으로 일을 도와주었다)

部長は課長に仕事を手伝わせた。→ 지시/명령/강제성

(부장이 과장에게 지시해서 일을 돕게 했다)

5–9–5. 「～が～した」文과 「～を～(さ) せた」文의 표현차이

「~が~した」文은 사실자체를 표현하는 문형이고, 「~を~(さ) せた」文은 어떠한 감정을 표현하는 문형이다.

私が大学に合格したと聞いて、母が喜んだ。→ 사실자체표현

(내가 대학에 합격했다고 듣고 엄마가 기뻐했다)

私の大学合格のニュースは、母を喜ばせた。→ 기쁜감정표현

(내 대학합격 소식은 엄마를 기쁘게 했다)

彼女のスキャンダルに多くのファンが失望した。→ 사실자체표현

(그녀의 스캔들에 많은 팬이 실망했다)

彼女はスキャンダルを起こし、多くのファンを失望させた。→ 나쁜감정표현

(그녀는 스캔들을 일으켜 많은 팬을 실망시켰다)

学生の成績が急に伸びたので、先生が驚いた。→ 사실자체표현

(학생의 성적이 갑자기 올라서 선생님이 놀랐다)

私は試験に落ちて、親をがっかりさせた。→ 나쁜감정표현

(나는 시험에 떨어져서 부모님을 실망시켰다)

5-9-6. 「～てください」文과 「～(さ) せてください」文의 표현차이

「~てください」文은 내 희망을 상대방에게 단순히 의뢰하는 문형이고,

「~(さ) せてください」文은 내 희망을 상대방에게 공손하게 의뢰하는 문형이다.

先輩、私の意見を聞いてください。→ 희망의뢰

(선배님, 제 의견을 들어주세요)

ゆっくり話してください。→ 말하는 사람 상대방에게 의뢰

この記事を見てください。→ 보는 사람 상대방에게 의뢰

大きい声で言ってください。→ 말하는 사람 상대방에게 의뢰

あなたの意見を聞かせてください。→ 공손의뢰

(당신의 의견을 들려주세요)

先に帰らせてください。→ 먼저 귀가하고 싶은 나의 의뢰

明日、休ませてください。→ 내일 쉬고 싶은 나의 의뢰

この仕事を担当させてください。→ 이 일을 담당하고 싶은 나의 의뢰

5-10. 動詞의 수동형·사역수동형

group	사전형	수동형	연결방법	사역수동형	연결방법
I group	言う	言われる	어미 ウ단을 ア단으로 바꾸고, れる연결	言わせられる	먼저 사역형을 만든 후 사역형 어미 る를 られる로 교체
	踏む	踏まれる		踏ませられる	
	待つ	待たれる		待たせられる	
	選ぶ	選ばれる		選ばせられる	
	降る	降られる		降らせられる	
	休む	休まれる		休ませられる	
	送る	送られる		送らせられる	
II group	見る	見られる	어미 る를 られる로 교체	見させられる	
	起きる	起きられる		起きさせられる	
	捨てる	捨てられる		捨てさせられる	
	食べる	食べられる		食べさせられる	
III group	する	される	특이형태	させられる	
	来る	こられる		来させられる	

5–10–1. 受動文

(1) 직접受動 : 주어 Y가 행위자 X에게 동작/작용을 직접받을 때 사용한다.

- 能動文「XがYをV–る」 → 受動文「YがXにV–(ら) れる」의 문형을 가진다.
- XY格이 교체되고, 동사에 조동사「(ら) れる」가 첨가된다.

[Xが → Xに, Yを → Yが/は, V–る → V–(ら) れる]

兄が弟をなぐった。(형이 동생을 때렸다)

→ 弟は兄に殴られた。(동생은 형한테 맞았다)

先生が学生を叱った。(선생님이 학생을 꾸짖었다)

→ 学生は先生に叱られた。(학생은 선생님한테 혼났다)

警官が犯人を捕まえた。(경찰이 범인을 붙잡았다)

→ 犯人は警官に捕まえられた。(범인은 경찰에게 붙잡히었다)

朝早く、妻が私を起こした。(아침 일찍 아내가 나를 깨웠다)

→ 朝早く、私は妻に起こされた。(아침 일찍 나는 아내가 깨워 일어나게 되었다)

(2) 간접受動 : 주어 Y가 행위자 X에게 간접적으로 동작/작용을 받을 때 사용한다.

X格의 교체와 함께, 주어 Y가 새롭게 발생하고, 조동사「(ら) れる」가 첨가된다.

[Xが → Xに, (Yの) → Yは, V–る → V–(ら) れる]

1)「XがV–る」→「**Yは**XにV–(ら) れる」문형

雨が降った。→ **私**は雨に降られた。(나는 비를 맞았다)

母親が死んだ。(엄마가 돌아가셨다)

→ **私**は母親に死なれた。(수동번역 불가능)

2)「XがYのZをV–る」→「**Yは**XにZをV–(ら) れる」문형

妹が私の日記を読んだ。(여동생이 내 일기를 읽었다)

→ **私**は妹に日記を読まれた。(수동번역 불가능)

姉が私のケーキを食べた。(누나가 내 케이크를 먹었다)

→ **私**は姉にケーキを食べられた。(수동번역 불가능)

先生が私の名前を間違えた。(선생님이 내 이름을 틀렸다)

→ **私**は先生に名前を間違えられた。(수동번역 불가능)

友人が私のコーヒーを飲んだ。(친구가 내 커피를 마셨다)

→ **私**は友人にコーヒーを飲まれた。(수동번역 불가능)

(3) **非情受動**：주어 Y가 무생물, 행위자가 원료/불명확/불특정다수일 때 사용한다.

- 「Yが　Xに/から/によって/で　V-(ら) れる」 문형이 일반적이다.
- 행위자 X는 「に, から, によって, で」格으로 마크된다.
- 행위자 X가 불명확하거나 특정하기 어려울 경우는 생략된다.

屋根が台風でこわされた。：행위자 → 자연현상

(지붕이 태풍으로 파괴되었다)

ワインはブドウから造られます。：행위자 → 원료/재료

(와인은 포도로부터 만들어집니다)

あの本は(若い人に) よく読まれている。：행위자 → 불특정다수

(그 책은 젊은이들에게 많이 읽혀지고 있다)

この寺は250年前に(誰かによって) 建てられた。: 행위자 → 불명확

(이 절은 250년 전에 누군가에 의해 세워졌다)

1988年にソウルでオリンピックが開かれた。: 행위자 → 불특정다수

(1988년에 서울에서 올림픽이 열렸다)

ビートルズの歌は今でも(人々に) 歌われている。: 행위자→불특정다수

(비틀즈노래는 지금도 많은 사람이 노래하고 있다)

5-10-2. 使役受動文

(1) 형태적 특징 : 「動詞의 ない形+**(さ) せる**+**られる**」로 [억지로 ~하게 되다] 의미다.

書く → 書**か**せる → 書**か**せられる

いる → いさせる → いさせられる

勉強する → 勉強させる → 勉強させられる

이때, 「I group동사의 ない形+**せられる**」는 ~せられる가 ~**される**로 간소화되어 사용하므로, 「동사의 ない形+**される**」를 수동으로 착각해서는 안 된다.

歌う → 歌わせられる → 歌わされる ：歌われる(受動)

買う → 買わせられる → 買わされる ：買われる(受動)

行く → 行かせられる → 行かされる ：行かれる(受動)

泳ぐ → 泳がせられる → 泳がされる ：泳がれる(受動)

書く → 書かせられる → 書かされる ：書かれる(受動)

立つ → 立たせられる → 立たされる ：立たれる(受動)

待つ → 待たせられる → 待たされる ：待たれる(受動)

呼ぶ → 呼ばせられる → 呼ばされる ：呼ばれる(受動)

飲む → 飲ませられる → 飲まされる ：飲まれる(受動)

座る → 座らせられる → 座らされる ：座られる(受動)

取る → 取らせられる → 取らされる ：取られる(受動)

帰る → 帰らせられる → 帰らされる ：帰られる(受動)

그러나 「～す」형태의 동사는 「せられる」의 형태로만 사용된다.

話す → 話させられる → ×話さされる

直す → 直させられる → ×直さされる

出す → 出させられる → ×出さされる

写す → 写させられる → ×写さされる

返す → 返させられる → ×返さされる

探す → 探させられる → ×探さされる

押す → 押させられる → ×押さされる

(2) 구문적 특징 : 사역자와 행위자의 위치가 사역문과 대비된다.

- 能動文「Xが(Yを) V–る」: [X가 Y(를) V한다]
  使役文「YがXに/を(Nを) V–(さ) せる」: [Y가 X에게 (N를) V시킨다]
  使役受動文「XがYに(Nを) V–(さ) せられる」:「X가 Y에게 (N를) 시킴을 당한다」
- 格의 교체가 발생하고, 술어는 「동사어간+(さ) せる+られる」가 된다.
- 使役文 → 使役受動文 : [Yが → Yに, Xに → Xが, V–(さ) せる → V–(さ) せられる]
- 使役受動文에 한국어가 대응하지 않기 때문에, 의미상의 차이가 존재한다.

  学生達が走った。(학생들이 달렸다)

→ 先生は学生達を走らせた。(선생님은 학생들을 달리게 했다)

→ 学生達は先生に走らせられた/走らされた。

(학생들은 달리기 싫었는데, 선생님의 지시에 어쩔 수 없이 달렸다)

課長が仕事をした。(과장님이 일을 했다)

→ 部長は課長に仕事をさせた。(부장님은 과장님께 일을 시켰다)

→ 課長は部長に仕事をさせられた。

(과장님은 일하기 싫었는데, 부장님의 지시에 어쩔 수 없이 일했다)

後輩がお酒を飲んだ。(후배가 술을 마셨다)

→ 先輩が後輩にお酒を飲ませた。(선배가 후배에게 술을 마시게 했다)

→ 後輩が先輩にお酒を飲ませられた/飲まされた。

(후배는 술을 마시기 싫었는데, 선배지시에 어쩔 수 없이 마셨다)

息子が部屋の掃除をした。(아들이 방청소를 했다)

→ 母が息子に部屋の掃除をさせた。(엄마가 아들에게 방청소를 시켰다)

→ 息子が母に部屋の掃除をさせられた。

(아들은 방청소 하기 싫었는데, 엄마지시에 어쩔 수 없이 했다)

夫が料理を作った。(남편이 요리를 만들었다)

→ 妻が夫に料理を作らせた。(아내가 남편에게 요리를 만들게 했다)

→ 夫が妻に料理を作らせられた/作らされた。

(남편은 요리를 만들기 싫었는데, 아내부탁에 어쩔 수 없이 만들었다)

(3) 의미적 특징 : 행위자가 사역자의 사역행위를 받아, 그것이 하기 싫었지만 할 수없이 하게 되어, 기쁘지 않은 불쾌한 감정을 나타낸다.

父は私に仕事をやめさせた。(아빠는 내게 일을 그만두게 했다)

→ 私は父に仕事をやめさせられた。(번역 불가능)

(나는 일을 그만두고 싶지 않았는데 아빠 때문에 그만두게 되었다)

彼女は私に食事代を払わせた。(그녀는 내게 식사비를 지불케 했다)

→ 私は彼女に食事代を払わされた。(번역 불가능)

(나는 식사비를 내고 싶지 않았는데 그녀 때문에 지불하게 되었다)

또한, 다른 사람의 행위로 인해, 감정을 억제할 수 없다는 것을 나타낸다.

彼女の結婚は彼を驚かせた。(그녀의 결혼은 그를 놀라게 했다)

→ 彼は彼女の結婚に驚かされた。(그는 그녀의 결혼소식에 놀라게 되었다)

娘は私を心配させた。(딸은 나를 걱정하게 했다)

→ 私は娘に心配させられた。(나는 딸 때문에 걱정하게 되었다)

先生はみんなを笑わせた。(선생님은 모두를 웃게 했다)

→ みんなは先生に笑わされた。(모두는 선생님에 의해 웃게 되었다)

5–10–3. 受動文과 「～てもらう」文의 표현차이

私は弟に大切な本を捨てられた。→ **불쾌함**, 피해/민폐의 기분을 나타냄

(동생이 내 소중한 책을 버려 곤란했다/화가났다)

→ 私は弟に大切な本を捨てられて**腹が立った**。

×私は弟に大切な本を捨てられて嬉しかった。

私は隣の人にゴミを捨ててもらった。→ **감사함**, 기쁜 마음을 나타냄

(이웃이 내 쓰레기를 치워줘서 고마웠다/감사했다)

→ 私は隣の人にゴミを捨ててもらって**嬉しかった**。

×私は隣の人にゴミを捨ててもらって腹が立った。

私は誰かに傘を持っていかれた。→ **불쾌함**, 피해/민폐의 기분을 나타냄

(누군가가 내 우산을 가져가 곤란했다/화가났다)

→ 私は誰かに傘を持っていかれて**腹が立った**。

×私は誰かに傘を持っていかれて嬉しかった。

私は友達に重い荷物を運んでもらった。→ **감사함**, 기쁜 마음을 나타냄

(친구가 내 무거운 짐을 운반해줘서 고마웠다/감사했다)

→ 私は友達に重い荷物を運んでもらって**嬉しかった**。

×私は友達に重い荷物を運んでもらって腹が立った。

発表会の時、彼女に来てもらって**嬉しかった**。

(발표회 때 그녀가 와줘서 기뻤다/고마웠다)

→×発表会の時、彼女に来てもらってびっくりした。

昨夜遅く、突然彼女に来られて**びっくりした。**

(어제 밤늦게 갑자기 그녀가 와서 놀랐다)

→×昨夜遅く、突然彼女に来られて嬉しかった。

財布を忘れてしまったが、友達にお金を貸してもらって**助かった。**

(지갑을 잃어버렸는데 친구가 돈을 빌려줘 고마웠다)

→×財布を忘れてしまったが、友達にお金を貸されて助かった。

昨日勉強している時に、友達に遊びに来られて**困ってしまった。**

(어제 공부하고 있을 때 친구가 놀러와 곤란했다)

→×昨日勉強している時に、友達に遊びに来てもらって困ってしまった。

故障した自転車を友達に直してもらったので**助かった。**

(고장 난 자전거를 친구가 고쳐줘서 고마웠다)

→×故障した自転車を友達に直されたので助かった。

言いたかった意見を先に彼に言われて**残念だった。**

(말하고 싶었던 의견을 그가 먼저 말해 유감이었다)

→×言いたかった意見を先に彼に言ってもらって残念だった。

5–10–4. 受動文, 使役文, 使役受動文의 정리

私は**子供**に毎日牛乳を飲ませた。→ 使役文

「私」 우유를 마시게 한 사람, 「子供」 우유를 마신 사람

先生は遅刻した**学生**にその理由を言わせた。→ 使役文

「先生」 이유를 말하게 한 사람, 「学生」 이유를 말 한 사람

私は恋人の大切な写真を**友達**に見られた。→ 受動文

「私」 애인사진의 피해를 본 사람, 「友達」 애인사진을 본 사람

私は大好きなケーキを**妹**に食べられた。→ 受動文

「私」 케이크의 피해를 본 사람, 「妹」 케이크를 먹은 사람

私は病気が治ったのに、**母**に薬を飲まされた。→ 使役受動文

「私」 먹기 싫은 약을 먹은 사람, 「母」 약을 먹인 사람

子供の時、**私**は**姉**によく買い物に行かされた。→ 使役受動文

「私」 가기 싫은 쇼핑을 간사람, 「姉」 쇼핑을 가게한 사람

5-11. 動詞+まえに/あいだ/あと

	る形+まえに	る形/ている形+あいだ	た形+あと
動詞	手術するまえに	手術するあいだ 手術しているあいだ	手術したあと
	テストするまえに	テストするあいだ テストしているあいだ	テストしたあと
	検討するまえに	検討するあいだ 検討しているあいだ	検討したあと
名詞	名詞+の+まえに	名詞+の+あいだ	名詞+の+あと
	手術のまえに テストのまえに 検討のまえに	手術のあいだ テストのあいだ 検討のあいだ	手術のあと テストのあと 検討のあと

(1) 動詞：「る形+まえに」 「る形/ている形+あいだ」 「た形+あと」

手術する前に、同意書が必要です。(수술하기 전에 동의서가 필요합니다)

手術している間は、待合室で待ってください。

(수술하고 있는 동안은 대기실에서 기다려주세요)

テストした後、その結果はすぐ分かります。(테스트실시 후 그 결과는 곧바로 알게 됩니다)

検討している間、席を外してもかまいません。

(검토하고 있는 동안 자리를 비워도 상관없습니다)

(2) 名詞：「名詞+の+まえに」 「名詞+の+あいだ」 「名詞+の+あと」

検討の前に、関連書類を全部提出してください。

(검토하기 전에 관련서류를 전부 제출해 주세요)

手術の後、詳しいことを説明します。(수술 후 자세한 것을 설명하겠습니다)

テストの前に、注意すべきことがあります。(테스트 전에 주의해야 할 점이 있습니다)

テストの間、絶対に動いてはいけません。(테스트도중 절대로 움직여서는 안 됩니다)

5-12. 動詞의 활용표 종합정리

	I group동사	II group동사	III group동사
사전형(기본형)	書く 読む	見る 寝る	来る する
정중형(ます형)	書きます 読みます	見ます 寝ます	来ます します
부정형(ない형)	書かない 読まない	見ない 寝ない	来ない しない
과거부정형 (なかった형)	書かなかった 読まなかった	見なかった 寝なかった	来なかった しなかった
과거형(た형)	書いた 読んだ	見た 寝た	来た した
접속형(て형)	書いて 読んで	見て 寝て	来て して
희망형(たい형)	書きたい 読みたい	見たい 寝たい	来たい したい
의지형(よう형)	書こう 読もう	見よう 寝よう	来よう しよう
조건형(ば형)	書けば 読めば	見れば 寝れば	来れば すれば
조건형(たら형)	書いたら 読んだら	見たら 寝たら	来たら したら
예시형(たり형)	書いたり 読んだり	見たり 寝たり	来たり したり
명령형	書け 読め	見ろ 寝ろ	来い しろ
가능형	書ける 読める	見られる 寝られる	来られる できる
수동형	書かれる 読まれる	見られる 寝られる	来られる される
사역형	書かせる 読ませる	見させる 寝させる	来させる させる

6. そうだ・ようだ・らしい

6-1. 전문의 そうだ：~한다고 한다.

	動詞	い形容詞	な形容詞	名詞
사전형 (る形)	사전형+そうだ			名詞だ+そうだ
	飲む+そうだ →飲むそうだ 聞く+そうだ →聞くそうだ ある+そうだ →あるそうだ	高い+そうだ →高いそうだ 強い+そうだ →強いそうだ いい+そうだ →よいそうだ	静かだ+そうだ →静かだそうだ 不安だ+そうだ →不安だそうだ 丈夫だ+そうだ →丈夫だそうだ	最高だ+そうだ →最高だそうだ 韓国だ+そうだ →韓国だそうだ 大学だ+そうだ →大学だそうだ
부정형 (ない形)	飲まないそうだ 聞かないそうだ ないそうだ	高くないそうだ 強くないそうだ よくないそうだ	静かで(は) ないそうだ 不安で(は) ないそうだ 丈夫で(は) ないそうだ	最高で(は) ないそうだ 韓国で(は) ないそうだ 大学で(は) ないそうだ
과거형 (た形)	飲んだそうだ 聞いたそうだ あったそうだ	高かったそうだ 強かったそうだ よかったそうだ	静かだったそうだ 不安だったそうだ 丈夫だったそうだ	最高だったそうだ 韓国だったそうだ 大学だったそうだ
과거 부정형 (なかった形)	飲まなかった そうだ 聞かなかった そうだ なかったそうだ	高くなかった そうだ 強くなかった そうだ よくなかった そうだ	静かで(は) なかったそうだ 不安で(は) なかったそうだ 丈夫で(は) なかったそうだ	最高で(は) なかったそうだ 韓国で(は) なかったそうだ 大学で(は) なかったそうだ

明日は雨だそうです。(내일은 비라고 합니다)

昨日は雨だったそうです。(어제는 비가 왔다고 합니다)

調子はよかったそうだ。(컨디션은 좋았다고 한다)

あそこは静かだったそうだ。(거기는 조용했다고 한다)

今年は寒いそうです。(올해는 춥다고 합니다)

卵は高くなかったそうだ。(계란은 비싸지 않았다고 한다)

彼は強くないそうだ。(그는 강하지 않다고 한다)

妻は不安でなかったそうだ。(아내는 불안하지 않았다고 한다)

学会に参加するそうだ。(학회에 참가한다고 한다)

あれは大学でないそうだ。(저것은 대학이 아니라고 한다)

彼女は来ないそうだ。(그녀는 오지 않는다고 한다)

この分野は最高でないそうだ。(이 분야는 최고가 아니라고 한다)

牛肉だけを食べるそうです。 (소고기만을 먹는다고 합니다)

お酒はあまり飲まないそうです。(술은 그다지 안마신다고 합니다)

10年前に地震があったそうだ。 (10년전에 지진이 있었다고 한다)

ここは昔なにもなかったそうです。(여기는 옛날에 아무것도 없었다고 합니다)

このめがねは丈夫ではないそうだ。(이 안경은 튼튼하지 않다고 한다)

(1) 전문의「そうだ」문형의 특징

「**〜では/によると、〜そうだ**」: 전해들은 정보원이 제시된다.

정보원은「〜によれば」「〜から聞いたところでは」「〜から聞くと」등으로 나타냄.

今朝の新聞では、来月から電気料金が上がるそうだ。

(오늘아침 신문에서 다음 달부터 전기요금이 오른다 한다)

このデータによると、国民の生活は向上しているそうだ。

(이 데이터에 의하면 국민생활은 향상되고 있다고 한다)

天気予報によれは、午後から雪だそうだ。

(일기예보에 의하면 오후부터 눈이 온다고 한다)

妻の話から聞くと、娘は昨日まで元気だったそうだ。

(아내 말에 의하면 딸은 어제까지 건강했다고 한다)

店の人の話から聞いたところでは、この花はとても丈夫だそうだ。

(가게사람 말에 의하면 이 꽃은 매우 싱싱하다고 한다)

(2) 오용문제 : 잘못된 사용에 주의하자.

彼は銀行員だそうだ。(그는 은행원이라고 한다)

→×彼は銀行員だそうだった。(과거형 사용에 주의)

彼は銀行員だったそうだ。(그는 은행원이였다고 한다)

今野菜が高いそうだ。(지금 야채가 비싸다고 한다)

→×今野菜が高いそうでない。(부정형 사용에 주의)

今野菜が高くないそうだ。(지금 야채가 비싸지 않다고 한다)

この夏は水不足になるそうだ。(올 여름은 물 부족이 된다 한다)

→×この夏は水不足になるそうでない。(부정형 사용에 주의)

この夏は水不足にならないそうだ。(이번 여름은 물부족이 되지 않는다고 한다)

(3) 그 밖의 전문표현

「～という」「～と言っている」

午後、雨が降るという。＝午後、雨が降るそうだ。

(오후 비가 온다고 한다)

調子はいいと言っている。＝調子はいいそうだ。

(컨디션은 좋다고 한다)

「～とのことだ」「～ということだ」

花子は出席するとのことだ。: 특정인물로부터의 정보

(하나꼬는 출석한다고 한다)

先生がよろしくということです。: 특정인물로부터의 전언

(선생님이 잘 부탁한다고 합니다)

「～と伝えられる」「～と聞いている」

損害は約3億円と伝えられる。(손해는 약3억 엔이라고 전해진다)

ここからは隣の県だと聞いている。(여기부터 이웃 현이라고 들었다)

6-2. 양태의 そうだ : ~일 것 같다.

	動詞	い形容詞	な形容詞	名詞
사전형 (る形)	**ます形+そうだ**	어미い 떼고 **そうだ**연결	어미だ 떼고 **そうだ**연결	
	飲む+そうだ →飲みそうだ	高い+そうだ →高そうだ	静かだ+そうだ →静かそうだ	~~最高そうだ~~
	聞く+そうだ →聞きそうだ	強い+そうだ →強そうだ	不安だ+そうだ →不安そうだ	~~韓国そうだ~~
	ある+そうだ →ありそうだ	いい+そうだ →**よさ**そうだ	丈夫だ+そうだ →丈夫そうだ	~~大学そうだ~~
부정형 (ない形)	飲み**そうもない**	高く**なさ**そうだ	静かで(は) **なさ**そうだ	最高で(は) **なさ**そうだ
	聞き**そうもない**	強く**なさ**そうだ	不安で(は) **なさ**そうだ	韓国で(は) **なさ**そうだ
	あり**そうもない** **=なさそうだ**	**よく**なさそうだ	丈夫で(は) **なさ**そうだ	大学で(は) **なさ**そうだ
과거형 (た形)	飲み**そうだった**	高そうだった	静かそうだった	~~最高そうだった~~
	聞き**そうだった**	強そうだった	不安そうだった	~~韓国そうだった~~
	あり**そうだった**	**よさ**そうだった	丈夫そうだった	~~大学そうだった~~
과거 부정형	飲み**そうもなかった**	高く**なさ**そうだった	静かで(は) **なさ**そうだった	最高で(は) **なさ**そうだった
	聞き**そうもなかった**	強く**なさ**そうだった	不安で(は) **なさ**そうだった	韓国で(は) **なさ**そうだった
	あり**そうもなかった** **=なさそうだった**	**よく**なさそうだった	丈夫で(は) **なさ**そうだった	大学で(は) **なさ**そうだった

彼は強くなさそうだ。(그는 강하지 않을 것 같다)

椅子が丈夫ではなさそうだった。(의자가 튼튼하지 않을 것 같았다)

妻は車が買いたそうだ。(아내는 차를 사고 싶은 것 같다)

この製品は高くなさそうだった。(이 제품은 비싸지 않을 것 같았다)

話を聞きそうもなかった。(말을 들을 것 같지도 않았다)

ここは静かでなさそうだ。(여기는 조용하지 않을 것 같다)

お金がありそうもない。(돈이 있을 것 같지도 않다)

漢字が読めそうもなかった。(한자를 읽을 것 같지도 않았다)

朝食は食べられそうだ。(조식은 먹을 수 있을 것 같다)

雰囲気にのまれそうだった。(분위기에 넘어갈 것 같았다)

気分がよくなさそうだった。(기분이 좋지 않은 것 같았다)

彼女は嬉しくなさそうだった。(그녀는 기쁘지 않은 것 같았다)

(1) 양태「そうだ」의 다양한 의미

1) 양태 :「~だろうと思う」의미로, 어떤 대상이 나타내는 모양/모습을 나타낸다.

상태동사+そうだ → ありそうだ　かかりそうだ

가능동사+そうだ → できそうだ　読めそうだ　書けそうだ

助動詞たい+そうだ → 買いたそうだ　飲みたそうだ

い形容詞+そうだ → うれしそうだ　悲しそうだ

な形容詞+そうだ → 静かそうだ　元気そうだ

가능조동사(ら)れる+そうだ → 食べられそうだ　覚えられそうだ

この問題は難しそうだ。(이 문제는 어려운 것 같다)

彼女はとてもうれしそうだ。(그녀는 매우 기쁜 것 같다)

説明に5分ぐらいかかりそうだ。(설명에 5분정도 걸릴 것 같다)

弟は車が買いたそうだ。(동생은 차를 사고 싶은 것 같다)

このケーキ、美味しそうですね。食べたいなあ。(이 케이크 맛있을 것 같네요. 먹고 싶다!)

2) 절박 :「もうすぐ~だろうと思う」의미로, 동적인 사태발생을 예상할 때 쓰인다.

순간동사+そうだ → 落ちそうだ　切れそうだ　倒れそうだ　割れそうだ

조동사(ら)れる+そうだ → のまれそうだ　とられそうだ　やられそうだ

ボタンが取れそうだ。(단추가 떨어질 것 같다)

雰囲気にのまれそうだ。(분위기에 넘어갈 것 같다)

日本の選手にやられそうだ。(일본선수에게 당할 것 같다)

弟にパンを取られそうだ。(동생에게 빵을 빼앗길 것 같다)

3) **예감 : 「～だろうと予想する」**의미로, 현재 상황에서 예측되는 움직임을 나타낸다.

동작동사+そうだ → 降りそうだ　終わりそうだ　売れそうだ　なりそうだ　続きそうだ　良さそうだ

雨が降りそうだ。(비가 내릴 것 같다)

仕事が終わりそうだ。(일이 끝날 것 같다)

来月は忙しくなりそうだ。(다음 달은 바빠질 것 같다)

いい天気が続きそうだ。(좋은 날씨가 계속될 것 같다)

この本は売れそうだ。(이 책은 팔릴 것 같다)

今週は天気が良さそうだ。何だかそんな気がする。

(이번 주는 날씨가 좋을 것 같다. 왠지 그런 느낌이 든다)

4) **未發** : 현재의 상황으로 보아 곧 동작의 가능성이 있을 때 사용된다.

의지동사+そうだ → 読みそうだ　食べそうだ　買いそうだ　言いそうだ

彼は車を買いそうだ。(그는 차를 살 것 같다) : 未発(의지동사)

彼は車が買いたそうだ。(그는 차를 사고 싶은 것 같다) : 양태(たい形)

彼は車が買えそうだ。(그는 차를 살 수 있을 것 같다) : 양태(가능동사)

5) 비유표현 : 비유해서 말할 때 사용된다.

忙しくて、目が回りそうだ。(바빠서 정신이 없다) = とても忙しい。

疲れて死にそうだ。(피곤해서 죽을 것 같다) = とても疲れた。

(2) 양태 「そうだ」의 **부정형(ない形)**

「～そうだ」의 부정은 「～そうではない」가 아니고,

「～そうもない」　「～そうにない」　「～そうにもない」이다.

できそうもない　できそうにない　できそうにもない　×できそうではない

ありそうもない　ありそうにない　ありそうにもない　×ありそうではない

降りそうもない　降りそうにない　降りそうにもない　×降りそうではない

6-3. ようだ·らしい：추량/추측표현

「〜ようだ」는 주관적인 추측, 「〜らしい」는 객관적인 추측을 나타낸다.

종류	ようだ연결	예	らしい연결
名詞	「名詞＋の＋ようだ」 病院のようだ いい天気のようだ	 病院 いい天気	「名詞＋らしい」 病院らしい いい天気らしい
動詞	「사전형＋ようだ」 出かけるようだ 「た形＋ようだ」 終わったようだ 「ない形＋ようだ」 聞かないようだ	 出かける 終わる 聞く	「사전형＋らしい」 出かけるらしい 「た形＋らしい」 終わったらしい 「ない形＋らしい」 聞かないらしい
い形容詞	「사전형＋ようだ」 痛いようだ 「た形＋ようだ」 安かったようだ 「ない形＋ようだ」 滑らないようだ	 痛い 安い すべる	「사전형＋らしい」 痛いらしい 「た形＋らしい」 安かったらしい 「ない形＋らしい」 滑らないらしい
な形容詞	「어간＋な＋ようだ」 大丈夫なようだ 「た形＋ようだ」 大変だったようだ 「ない形＋ようだ」 静かでないようだ	 大丈夫だ 大変だ しずかだ	「어간＋らしい」 大丈夫らしい 「た形＋らしい」 大変だったらしい 「ない形＋らしい」 静かでないらしい

雨が止んだようだ。(비가 그친 모양이다)

これは相当丈夫らしい。(이것은 상당히 튼튼한 것 같다)

彼女は可愛いらしい。(그녀는 예쁜 것 같다)

お腹が痛いようだ。(배가 아픈 모양이다)

どこかへ行くらしい。(어딘가에 가는 것 같다)

子供らしい子供が好きだ。(아이 같은 아이를 좋아한다)

事故があったようだ。(사고가 있었던 모양이다)

まだ始まっていないようだ。(아직 시작하지 않은 모양이다)

どうやらそうらしい。(아무래도 그런 것 같다)

外に誰かいるようだ。(밖에 누군가 있는 모양이다)

有名人が死んだようだ。(유명인사가 죽은 모양이다)

あの店は安いらしい。(그 가게는 싼 것 같다)

彼女は病気のようだ。(그녀는 아픈 모양이다)

彼女は出かけるらしい。(그녀는 외출하는 것 같다)

話し方は下手らしい。(말투는 서투른 것 같다)

腕前は上手なようだ。(솜씨는 능숙한 모양이다)

あの映画は面白いようだ。(저 영화는 재미있는 모양이다)

外は暑いらしい。(밖은 더운 것 같다)

今結婚しているようだ。(지금 현재 결혼한 모양이다)

怪我は大丈夫らしい。(다친 곳은 괜찮은 것 같다)

彼は男らしい人だ。(그는 남자다운 사람이다)

彼女の肌は雪のようだ。(그녀의 피부는 하얀 눈과 같다)

その時は反対しなかったようだ。(그때는 반대하지 않았던 모양이다)

(1) 추량/추측의 **「そうだ/ようだ/らしい」** 사용구별

「そうだ」: 어떤 상황이 금방이라도 일어날 것 같은 느낌을 표현한다.

今にも雨が降りそうだ。(지금이라도 비가 올 것 같다)

→ 하늘을 보고 지금 비가 올 것 같다고 말할 때 사용

「ようだ, みたいだ(회화체)」: 화자가 직접보고 체험한 것에 의한 추정으로, 자신의 책임으로 **주관적인 판단**을 내렸다는 의미가 強하다.

明日は雨が降るようだね。(내일은 비가 오는 모양이네요)

→ 일기예보를 보고 자신이 내일 비가 올 것 같다고 추정

彼女はどうやら結婚しているようだ。結婚指輪をしていたもの。

(그녀는 아무래도 결혼한 모양이다. 결혼반지를 하고 있는걸)

「らしい」: (사실이라고 단정할 수 없지만) **객관적인 근거**에 의해 추정

明日は雨が降るらしいね。(내일은 비가 올 것 같네요)

→ 타인의 말이나 방송을 듣고 내일 비가 올 것 같다고 추정

화자가 타인이나 책이나 방송에서 보고들은 간접적인 경험에 의한 추정으로, 자신의 책임을 회피한 판단이 될 가능성이 강하다.

彼女はどうも結婚しているらしい。友人が子供と遊んでいるところを見たという。

(그녀는 아무래도 결혼한 것 같다. 친구가 아이와 놀고 있는 것을 봤다 한다)

今年は梅雨明けがおそいらしい。(올해는 장마가 길어질 것 같다)

向うから学生らしい人がやってきた。(저쪽에서 학생 같은 사람이 왔다)

※「らしい」는 화자가 단언은 할 수 없지만 그와 같이 생각된다고 말할 때 사용되고, 주로「らしいです」의 형태로 **화자의 현재의 판단**을 나타낸다.

吉田先生は病気らしいですね。(吉田선생님은 아프신 것 같군요)

あの子供たちは双子らしいですね。(저 아이들은 쌍둥이인 것 같군요)

今日は休みではなかったらしいです。(오늘은 휴일이 아니었던 것 같습니다)

「Nらしい」는 N에서 연상되는 **이상적인 사람/사물/상황**이라는 의미이다.

彼は本当に男らしいですね。(그는 정말로 남자답군요)

もっと、女らしい言葉遣いをしなさい。(좀 더 여자다운 말을 하세요)

「NらしいN」 문형은 **사회의 규범**이 되는 전형적인 모델을 비유해 사용한다.

彼は学生らしい格好をしている。(그는 학생다운 모습을 하고 있다)

彼女は女らしい人だ。(그녀는 여자다운 사람이다)

(2) 「ようだ, らしい」 문형의 특징

1) 「ようだ, らしい」는 부정형과 의문형이 없다.

×行くようではない。　×来るようですか。

×行くらしくない。　×来るらしいですか。

2) 「ようだ, らしい」가 「ようだった, らしかった」의 형태를 취할 경우, 그와 같은 추정을 과거에 했었다는 것을 나타낸다.

彼女は結婚しているらしかった。(그녀는 결혼한 것 같았다)

みんな幸せに暮らしているようだった。(모두 행복하게 사는 것 같았다)

3) **「Nのようだ」「NのようにV」「N_1のようなN_2」** 문형으로 비유를 나타낸다.

今日は暑くて夏のようです。(오늘은 더워서 여름 같습니다)

彼女は計算が早くてコンピューターのようだ。(그녀는 계산이 빨라서 컴퓨터 같다)

昨日は冬のように寒かった。(어제는 겨울처럼 추웠다)

彼は日本人のように話せる。(그는 일본인처럼 말할 수 있다)

姉は歌手のように歌います。(누나는 가수처럼 노래 부릅니다)

弟は子供のような服を着ている。(동생은 애들 같은 옷을 입고 있다)

あなたのようなまじめな人が必要です。(당신처럼 성실한 사람이 필요합니다)

タイ料理のようなエスニック料理が好きです。(태국요리처럼 민족적인 요리를 좋아합니다)

(3) 그 밖의 추량/추측의 문형

1) **「でしょう」**: 단정의 조동사 「です」의 미연형 「でしょ」에 추량의 조동사 「う」가 연결된 형태다. 「でしょう」는 미래뿐만이 아니라, 과거나 현재에 대해서도 추측이 가능해, 미래시제를 나타내는 영어의 "shall" "will"과 다르다.

「です」는 동사에 접속되지 않는데, 「でしょう」는 동사에도 접속이 가능해, 「동사의 기본형+でしょう(か)」는 현재와 미래에 대한 추량을 나타내고, 「동사의 과거형+でしょう(か)」는 과거에 대한 추량을 나타낸다.

明日は、たぶん雨が降るでしょう。(내일은 아마 비가 오겠지요) → 미래에 대한 추량

毎日、天気がいいですね。明日はどうでしょうか。→ 미래에 대한 추량

(매일 날씨가 좋네요. 내일은 어떨까요)

あそこは今、雨が降っているでしょう。(거기는 지금 비가 오고 있지요) → 현재에 대한 추량

この車はいくらぐらいでしょうか。(이 차는 얼마정도 일까요) → 현재에 대한 추량

昔はにぎやかだったでしょう。(예전에는 북적거렸지요) → 과거에 대한 추량

私の手紙はもう着いたでしょうか。(제 편지는 벌써 도착했을까요) → 과거에 대한 추량

※ **「ですか」**와 **「でしょうか」**의 의미 차이

「ですか」: 내 질문에 대해 상대방이 단정적으로 대답할 수 있다고 판단.

「でしょうか」: 내 질문에 대해 상대방이 단정적으로 대답할 수 없다고 판단.

A: 妹さんは今年何才ですか。(여동생은 올해 몇 살입니까)

B: もう28才です。(벌써 28살입니다)

A: 彼のお子さんは何年生でしょうか。(그의 자녀는 몇 학년인가요)

B: まだ、2年生か3年生でしょう。(아직 2학년인가 3학년이지요)

「でしょうか」는 「ですか」의 공손한 말투로, 단정적인 말투를 피함으로써 경의를 나타내려고 하는 발상으로 사용된다.

どちらさまでしょうか。= どなたですか。(누구십니까)

先生、どうでしょうか。= 先生、どうですか。(선생님 어떻습니까)

こちらはいかがでしょうか。= こちらはいかがですか。(이쪽은 어떻습니까)

2) **「だろう」 「であろう」**

「だろう」는 단정의 조동사 「だ」의 미연형 「だろ」에 추량의 조동사 「う」가 연결된 형태이다. 「でしょう」와 「だろう」의 차이는 「です」와 「だ」의 차이라 말할 수 있어, 이들은 문법적으로는 구조도 의미도 같다.

5時には着くだろう。(5시에는 도착할 것이다)

まもなく完成するであろう。(곧 완성할 것이다)

추량표현에는 다음과 같은 부사를 수반하는 것이 많다.

さぞ、困るだろう。(필시 곤란할 것이다)

まさか、そんなことはないでしょう。(설마 그런 일은 없겠지요)

※ **「だろうと思います」**: 화자의 판단에 입각한 추량·추측을 나타낸다.

「思う」는 화자의 생각이나 판단을 말할 때 사용하는 말이므로, 「だろうと思います」는 「でしょう」보다 화자의 생각이나 판단이 강하다. 따라서, 「でしょう」「だろう」는 어느 정도 객관성을 가지는 추량·추측, 「だろうと思います」는 화자의 개인적인 생각을 말하는 추량·추측표현이다.

7. やる・あげる・くれる・もらう：授受表現

수수표현의 핵심은 주고받는 인칭관계와 행위수수구문이 가지는 의미관계이다.

	사물수수	누가 누구에게 주고받나	행위수수	
문형	Xが Yに 物を～		Xが Yに 物を Vて～	의미관계
주다	やる	*1인칭 ↓ 동식물	Vてやる	X(*수여자)의 친절행위
	あげる さしあげる	*1인칭 ↓ 3인칭	Vてあげる Vてさしあげる	X의 친절행위
	くれる くださる	3인칭 ↓ *1인칭	Vてくれる Vてくださる	X의 친절행위+ Y(*수취자)의 감사
받다	もらう いただく	*1인칭 ↑ 3인칭	Vてもらう Vていただく	X의 의뢰 +Y의 친절행위 +X의 감사

* 1인칭은 원칙적으로 본인을 말하지만, 나와 동일시시키는 우리그룹도 가능.

* 수여자는 물건을 주는 사람, *수취자는 물건을 받는 사람을 가리킨다.

(1) 사물수수구문 「**XがYに物を** {やる/あげる/くれる/もらう}」은, 단지 누가 누구에게 물건이 이동했는가, 즉 소유권이동만을 문제 삼는다.

「あげる」: 1인칭이 3인칭에게 줄 때, 「くれる」: 3인칭이 1인칭에게 줄 때,

「やる」: 1인칭이 동식물에 줄 때, 「もらう」: 1인칭이 3인칭에게 받을 때 사용

私は犬に餌をやった。(나는 개에게 먹이를 주었다)

私は花に水をやりました。(나는 꽃에 물을 주었습니다)

私は友達にCDをあげた。(나는 친구에게 CD를 주었다)

私は母に現金をあげた。(나는 엄마에게 현금을 드렸다)

彼女が**私**にプレゼントをくれた。(그녀가 내게 선물을 주었다)

父親が**私**に小遣いをくれた。(아빠가 내게 용돈을 주었다)

私は姉に万年筆をもらった。(나는 누나에게 만년필을 받았다)

私は彼女に花束をもらった。(나는 그녀에게 꽃다발을 받았다)

私は兄に時計をもらいました。(나는 형에게 시계를 받았습니다)

(2) 행위수수구문 「**XがYに物を** Vて{やる/あげる/くれる/もらう}」은, 친절한 행위와 의뢰, 감사한 마음 등이 더해지는 표현이다.

私は子供にお菓子を買ってやった。(나는 아이에게 과자를 사주었다)

→「나의 친절한 행위」만을 중시한다.

私は友達にCDを貸してあげた。(나는 친구에게 CD를 빌려주었다)

→「나의 친절한 행위」만을 중시한다.

彼女が**私**を1時間も待ってくれた。(그녀가 1시간이나 기다려주었다)

→「그녀의 친절행위+나의 감사한 마음」을 중시한다.

私は友人に英語を教えてもらった。(친구가 내게 영어를 가르쳐주었다)

→「내 의뢰+友人의 친절행위+나의 감사한 마음」을 중시한다.

(3) 「*1인칭」은 원칙적으로 나인데, 제3자도 나와 동일시시키는 내 주변사람(내 친구/가족/친척)으로 인식하는 경우에는 사용가능하다.

子供が犬に餌をやった。(아이가 개에게 먹이를 주었다)

姉は母に現金をあげた。(누나는 엄마에게 현금을 드렸다)

父親が**私の友達**に本をくれた。(아빠가 내 친구에게 책을 주었다)

兄は彼女に花束をもらった。(형은 그녀에게 꽃다발을 받았다)

友人は社長にボーナスをもらった。(친구는 사장님한테 보너스를 받았다)

(4) 자기가족, 자기회사 사람에게는 경어를 사용하지 않는다.

나는 엄마에게 선물을 드렸다.

私は母親にプレゼントをあげた。(○)

私は母親にプレゼントをさしあげた。(×)

아빠가 나를 1시간이나 기다려주셨습니다.

父親が私を1時間も待ってくれました。(○)

父親が私を1時間も待ってくださいました。(×)

나는 부장님에게 내차를 빌려드렸습니다.

私は部長に車を貸してあげました。(○)

私は部長に車を貸して差し上げました。(×)

작은아빠가 사과 1박스를 보내주셨습니다.

私は叔父にりんご一箱を送ってもらいました。(○)

私は叔父にりんご一箱を送っていただきました。(×)

(5)「てもらう」표현이 사역표현에 대응하는 경우

a) 花子に代わりに行ってもらった。(花子에게 대신 가게 했다)

내가 花子에게 부탁해서 스스로 대신 가게 했다는 意味

b) 花子を代わりに行かせた。(花子를 대신 가게 했다)

내가 花子의 意思와는 상관없이 대신 가게 했다는 意味

한국어의 경우 a) b) 모두 사역표현만이 대응해, 구문상 의미상의 차이가 없지만, 일본어의 경우「てもらう」표현a)는 花子의 意志를 존중하고 있지만, 사역표현b)는 花子의 意志를 존중한다고 볼 수 없다. 따라서 상대방의 意志를 존중하는 점에서 볼 때, 사역표현b) 보다「てもらう」표현a)가 정중한 표현이다.

(6)「てもらう」표현이 수동표현에 대응하는 경우

1)「てもらう」표현과 수동표현의 의미가 같을 경우

みんなに絵をほめてもらった。(모두에게 그림을 칭찬받았다)

みんなに絵をほめられた。(모두에게 그림을 칭찬받았다)

教えてもらった通り答えました。(배운 대로 대답했습니다)

教えられた通り答えました。(배운 대로 대답했습니다)

일반적으로「てもらう」표현은 감사를, 수동표현은 피해를 나타내지만, 이들 표현이 본동사「ほめる」「教える」에 연결되면, 부정적의미를 수반하지 않아서「てもらう」표현과 수동표현의 의미차이가 존재하지 않는다.

2)「てもらう」표현과 수동표현의 의미가 다를 경우

私は医者に注射を打ってもらった。: 의사행위에 감사 = 恩恵

[나는 의사에게 주사를 맞아서 빨리 좋아졌다]는 意味이다.

私は医者に注射を打たれた。: 의사행위를 被害로 간주 = 迷惑

[나는 의사에게 주사를 맞아서 기분이 나빠졌다]는 意味이다.

한국어에는 이러한 의미차이가 존재하지 않으므로, 주의를 요하는 표현이다.

8. 自動詞와 他動詞의 대응

8-1. 어휘적 대응

(1) 〈자동사 **–aru** : 타동사 **–eru**〉

자동사	타동사	자동사	타동사
上(あ)がる	上げる	暖(あたた)まる	暖める
当(あ)たる	当てる	当(あ)てはまる	当てはめる
集(あつ)まる	集める	改(あらた)まる	改める
埋(う)まる	埋める	深(ふか)まる	深める
終(お)わる	終える	収(おさ)まる	収める
かかる	かける	固(かた)まる	固める
重(かさ)なる	重ねる	変(か)わる/代わる	変える/代える
決(き)まる	決める	加(くわ)わる	加える
下(さ)がる	下げる	定(さだ)まる	定める
閉(し)まる	閉める	備(そな)わる	備える
高まる	高める	染(そ)まる	染める
助(たす)かる	助ける	貯(た)まる	貯める
伝(つた)わる	伝える	縮(ちぢ)まる	縮める
広(ひろ)まる	広める	詰(つ)まる	詰める
強(つよ)まる	強める	連(つら)なる	連ねる
始(はじ)まる	始める	止(と)まる/留まる/泊まる	止める/留める/泊める
はまる	はめる	引(ひ)っ掛(か)かる	引っ掛ける
広(ひろ)がる	広げる	つながる	つなげる
植(う)わる	植える	ぶつかる	ぶつける
曲(ま)がる	曲げる	混(ま)ざる/交ざる	混ぜる/交ぜる
弱(よわ)まる	弱める	纏(まと)まる	纏める
見つかる	見つける	交(まじ)わる	交える

(2) 〈자동사 **–eru** : 타동사 **–u**〉

자동사	타동사	자동사	타동사
折(お) れる	折る	破(やぶ) れる	破る
さける	さく	くだける	くだく
すれる	する	ねじれる	ねじる
割(わ) れる	割る	ほどける	ほどく
焼(や) ける	焼く	抜(ぬ) ける	抜く
切(き) れる	切る		

(3) 〈자동사 **–u** : 타동사 **–eru**〉

자동사	타동사	자동사	타동사
向(む) く	向ける	開(あ) く · 空く	開ける · 空ける
育(そだ) つ	育てる	痛(いた) む · 傷む	痛める · 傷める
かなう	かなえる	傾(かたむ) く	傾ける
沈(しず) む	沈める	くっつく	くっつける
苦(くる) しむ	苦しめる	傷付(きずつ) く	傷付ける
進(すす) む	進める	緩(ゆる) む	緩める
続(つづ) く	続ける	立(た) つ · 建つ	立てる · 建てる
縮(ちぢ) む	縮める	近付(ちかづ) く	近付ける
付(つ) く	付ける	揃(そろ) う	揃える
届(とど) く	届ける	整(ととの) う	整える
並(なら) ぶ	並べる	浮(う) かぶ	浮かべる
休(やす) む	休める	結(むす) び付(つ) く	結び付ける
やむ	やめる	片付(かたづ) く	片付ける

(4) 〈자동사 **–iru** : 타동사 **–asu**〉

자동사	타동사	자동사	타동사
生(い)きる	生かす	伸(の)びる・延びる	伸ばす・延ばす
満(み)ちる	満たす		

(5) 〈자동사 **–iru** : 타동사 **–osu**〉

자동사	타동사	자동사	타동사
起(お)きる	起こす	降(お)りる・下りる	降ろす・下ろす
落(お)ちる	落とす		

(6) 〈자동사 **–ru** : 타동사 **–su**〉

자동사	타동사	자동사	타동사
移(うつ)る	移す	起(お)こる	起こす
帰(かえ)る	帰す	転(ころ)がる	転がす
通(とお)る	通す	散(ち)らかる	散らかす
残(のこ)る	残す	直(なお)る・治る	直す・治す
回(まわ)る	回す	ひっくり返(かえ)る	ひっくり返す
渡(わた)る	渡す	戻(もど)る	戻す

(7) 〈자동사 **–reru** : 타동사 **–su**〉

자동사	타동사	자동사	타동사
こぼれる	こぼす	現(あらわ)れる・表れる	現す・表す
隠(かく)れる	隠す	離(はな)れる・放れる	離す・放す
つぶれる	つぶす	壊(こわ)れる	壊す
流(なが)れる	流す	倒(たお)れる	倒す
のがれる	のがす	乱(みだ)れる	乱す
はずれる	はずす	汚(よご)れる	汚す

(8) 〈자동사 **–eru** : 타동사 **–asu**〉

자동사	타동사	자동사	타동사
明(あ) ける	明かす	覚(さ) める・冷める	覚ます・冷ます
出(で) る	出(だ) す	荒(あ) れる	荒らす
遅(おく) れる	遅らす	枯(か) れる	枯らす
ずれる	ずらす	焦(こ) げる	焦がす
負(ま) ける	負かす	慣(な) れる	慣らす
はげる	はがす	溶(と) ける	溶かす
逃(に) げる	逃がす	濡(ぬ) れる	濡らす
増(ふ) える	増やす	生(は) える	生やす
冷(ひ) える	冷やす	燃(も) える	燃やす

(9) 〈자동사 **–u** : 타동사 **–asu**〉

자동사	타동사	자동사	타동사
動(うご) く	動かす	驚(おどろ) く	驚かす
飛(と) ぶ	飛ばす	ふくらむ	ふくらます
減(へ) る	減らす	乾(かわ) く	乾かす
照(て) る	照らす	沸(わ) く	沸かす
鳴(な) る	鳴らす	励(はげ) む	励ます

(10) 〈기타 : 자/타동사〉

자동사	타동사	자동사	타동사
乗(の) る	乗せる	合(あ) う	合わせる
消(き) える	消(け) す	及(およ) ぶ	及ぼす
入(はい) る	入(い) れる	甘(あま) える	甘やかす
寄(よ) る	寄せる	捕(つか) まる	捕まえる
刺(さ) さる	刺す	なくなる	なくす
つながる	つなぐ	ふさがる	ふさぐ
はさまる	はさむ	混(ま) じる・交じる	混ぜる・交ぜる
*閉じる	*閉じる	*ひらく	*ひらく
**つかまる	**つかむ	**またがる	**またぐ

* 자동사와 타동사의 형태가 같다.

** 자동사와 타동사의 의미가 다르다.

◆ 自動詞와 他動詞가 대응하는 예문

人が集まる。(사람이 모인다)	人を集める。(사람을 모은다)
パンが焼ける。(빵이 구워진다)	パンを焼く。(빵을 굽는다)
電気がついた。(불이 켜졌다)	電気をつけた。(불을 켰다)
お金がなくなる。(돈이 없어지다)	お金をなくす。(돈을 잃어버리다)
仕事が見つかる。(일이 발견되다)	仕事を見つける。(일을 발견하다)
国会がひらく。(국회가 열리다)	店をひらく。(가게를 열다)
まぶたが閉じる。(눈꺼풀이 감기다)	目を閉じる。(눈을 감다)
馬にまたがる。(말에 올라타다)	しきいをまたぐ。(문지방을 넘다)
警察につかまる。(경찰에게 잡히다)	チャンスをつかむ。(기회를 잡다)
温度が上がります。(온도가 오릅니다)	温度を上げます。(온도를 올립니다)
値段が下がります。(가격이 내려갑니다)	値段を下げます。(가격을 내립니다)
時間が変わりました。(시간이 바뀌었습니다)	時間を変えました。(시간을 바꾸었습니다)
子供が起きました。(아이가 일어났습니다)	子供を起こしました。(아이를 깨웠습니다)
部屋が汚れました。(방이 더러워졌습니다)	部屋を汚しました。(방을 더럽히었습니다)

8-2. 문형적 대응

(1) 自動詞문형 : 「**Nが自動詞**」→ 자연적 움직임을 중시한다.

電気がつきました。(불이 켜졌습니다)

荷物が落ちました。(물건이 떨어졌습니다)

タクシーが止まりました。(택시가 섰습니다)

犬が家の中に入った。(개가 집안에 들어왔다)

(2) 他動詞문형 : 「**XがNを他動詞**」→ 인위적 변화를 중시한다.

弟が電気をつけた。(남동생이 불을 켰다)

父親が荷物を落とした。(아버지가 짐을 떨어뜨렸다)

兄がタクシーを止めました。(형이 택시를 세웠습니다)

妹が犬を家の中に入れた。(여동생이 개를 집안에 들였다)

8-3. 「～なる」「～する」文의 대응

(1) 自動詞문형 : 「Nが～になる/くなる」→ 자연적 움직임을 중시한다.

部屋が明るくなりました。(방이 밝아졌습니다)

新しい車がほしくなった。(새로운 차가 필요해졌다)

公園がきれいになった。(공원이 깨끗해졌다)

今年、娘が大学生になった。(올해 딸이 대학생이 되었다)

(2) 他動詞문형 : 「XがNを～にする/くする」→ 인위적 변화를 중시한다.

私は部屋を明るくしました。(나는 방을 밝게 했습니다)

妻が研究室をきれいにした。(아내가 연구실을 깨끗이 청소했다)

息子がケーキを半分にした。(아들이 케이크를 반으로 나눴다)

(3) 접속형태

1) い形容詞의 경우 : 어미い가 く로 바뀌어 「～くする, ～くなる」가 된다.

赤い　→ 赤くする　赤くなる

大きい → 大きくする　大きくなる

2) 名詞, な形容詞의 경우 : 「～にする, ～になる」가 된다.

静かだ → 静かにする　静かになる

医師　→ 医師にする　医師になる

3) 動詞의 경우 : 사전형(る形)에 「～ようにする, ～ようになる」를 연결한다.

走る → 走るようにする　走るようになる

泳ぐ → 泳ぐようにする　泳ぐようになる

4) 否定形의 경우 : 「～ない」를 「～なくなる」「～なくする」로 한다.

食べない → 食べなくなる　食べなくする

「～する」가 努力의 의미로 사용될 경우, 「～ないように」의 형태가 사용된다.

お母さんから離れないようにしなさい。(엄마한테서 떠나지 않도록 하세요)

8-4.「~ている」「~てある」文의 대응

(1) 自動詞문형 :「Nが~(自V) ている」→ 자연적 움직임을 중시한다.

あそこに財布が落ちている。(저기 지갑이 떨어져있다)

スーツが汚れていますよ。(양복이 더러워 졌어요)

このテレビは壊れている。(이 TV는 고장 났다)

空に星がたくさん出ている。(하늘에 별이 많이 나왔다)

駅の前に人が大勢並んでいる。(역 앞에 많은 사람이 줄서있다)

(2) 他動詞문형 :「XがNを~(他V) てある」→ 인위적 변화를 중시한다.

(私が) あらかじめ会場を予約してある。(미리 회장을 예약했다)

試合のため、(私は) 練習をしてある。(경기를 위해 연습을 했다)

日本へ来る前に(私は) 日本語を習ってあります。

(일본에 오기 전에 일본어를 배워두었습니다)

新しい空気を入れるため、(私が) 窓を開けてあるんです。

(새로운 공기를 넣기 위해 창문을 열어두었습니다)

電気代が高いので、使わない電気を消してあるんです。

(전기료가 비싸서 사용 안하는 전등을 꺼두었습니다)

8-5.「~している」「~なっている」文의 대응

「~している」는 他動詞문형으로 개인적인 노력행위를 나타내고,「~なっている」는 自動詞문형으로 정해진 구성/규칙/규범을 나타낸다.

私は禁煙をしています。(저는 금연하고 있습니다)

父親は本屋をしている。(아빠는 서점을 운영하고 있다)

この本は5つの章からなっている。(이 책은 5장으로 되어 있다)

今年から当駅では禁煙となっています。(올해부터 우리 역은 금연이 되었습니다)

8-6.「～ようになる」「～ようにする」文의 대응

「～ようにする」는 他動詞문형으로 사태의 성립을 목표로 노력하거나 유의/배려할 때,
「～ようになる」는 自動詞문형으로 가능상태로, 실행상태로 변화하는 것을 나타낸다.

ドアがスムーズに開くようにした。(문이 부드럽게 열리도록 했다)

肉を小さく切って、子供にも食べられるようにした。

(고기를 잘게 썰어 아이에게도 먹을 수 있게 했다)

彼女の機嫌を損ねることは言わないようにした。

(그녀를 기분 나쁘게 하는 것은 말하지 않도록 했다)

黒板の字が見えるようになった。(칠판 글씨가 보이게 되었다)

注意したら、文句を言わないようになった。(주의를 주자 불평하지 않게 되었다)

子供は最近きちんと挨拶するようになった。(아이는 요즘 제대로 인사하게 되었다)

8-7.「～ようにしている」「～ようになっている」文의 대응

「～ようにしている」는 他動詞문형으로 노력하는 습관을 나타내고,
「～ようになっている」는 自動詞문형으로 정해진 물건의 구조를 나타낸다.

私はできるだけ早く寝るようにしている。(나는 가능한 일찍 자려고 한다)

車に乗る前にお酒は飲まないようにしている。

(운전하기 전에 술은 마시지 않도록 한다)

私はエレベーターには乗らないようにしている。

(나는 엘리베이터는 타지 않으려고 한다)

このエスカレーターは人が近付くと動くようになっている。

(이 에스컬레이터는 사람이 접근하면 움직이게 되어 있다)

このおもちゃは落としても壊れないようになっています。

(이 장난감은 떨어뜨려도 부서지지 않게 되어 있습니다)

9. 敬語動詞

한국에서 경어의 기준은 나이나 직위에 바탕을 두고 절대경어를 사용하지만,

일본에서는 **内**(우리) 와 **外**(남)의 개념으로 나뉘어 상대경어를 사용한다.

動詞(ます形)	先生が～(존경어)	私が～(겸양어)
行(い) きます	いらっしゃいます おいでになります	伺(うかが) います 参(まい) ります
来(き) ます	いらっしゃいます おいでになります お越(こ) しになります	伺(うかが) います 参(まい) ります
います	いらっしゃいます	おります
言(い) います	おっしゃいます	申(もう) します / 申し上げます
見(み) ます	ご覧(らん) になります	拝(はい) 見(けん) します
見(み) せます		お目にかけます / ご覧にいれます
飲(の) みます 食(た) べます	召(め) し上(あ) がります	いただきます
知(し) っています	ご存(ぞん) 知(じ) です	(物を) 存じております (人を) 存じ上げています
思(おも) います	お思いになります	存(ぞん) じます
します	なさいます	いたします
くれます	くださいます	
あげます		差(さ) し上(あ) げます
もらいます		いただきます / ちょうだいします
会(あ) います	**お会いになります**	お目(め) にかかります
聞(き) きます	**お聞きになります**	うけたまわります 伺(うかが) います / **お聞きします**
あります	**おありになります**	ございます
持(も) ちます	**お持ちになります**	**お持ちします**
撮(と) ります	**お撮りになります**	**お撮りします**
～です	～でいらっしゃいます	～でございます
訪問します		伺(うかが) います
※漢語動詞	**お話しになります** **ご説明になります** **ご結婚なさいます** **ご卒業なさいます** **お電話なさいます** **お料理なさいます**	**ご案内します** **ご紹介します** **ご説明します** **ご連絡します** **お電話します** **お約束します**

9-1. 존경표현 문형 : 주어가 존경의 대상이다.

先生が話します。→ 先生が{お話しになります / 話されます}。

先生、何を食べますか。→ 先生、何を召し上がりますか。

先生は有名です。→ 先生は有名でいらっしゃいます。

先生は忙しいです。→ 先生は忙しくていらっしゃいます。

先生はいます。→ 先生はおいでになります。

先生は何を探していますか。→ 先生は何を探していらっしゃいますか。

→ 先生は何を{探しておいでですか / お探しですか}。

先生が来てくれます。→ 先生が{来てくださいます / おいでくださいます}。

先生が来てください。→ 先生がおいでください。

先生が見てくれます。→ 先生が{見てくださいます / ご覧くださいます}。

先生が見てください。→ 先生がご覧ください。

先生が来ます。→ 先生が{見えます/ お見えになります/ おいでになります}。

先生が行きます。→ 先生がおいでになります。

先生は知っています。→ 先生はご存じです。

先生は寝ます。→ 先生はお休みになります。

9-2. 겸양표현 문형 : 주어는 표현주체인 나 자신이다.

私が話します。→ 私がお話し{します/ いたします}。

私が{飲みます/食べます}。→ 私がいただきます。

私が行きます。→ 私が(先生のお宅に) 伺(うかが)います。

私が{聞きます/質問します}。→ 私が(先生に) 伺います。

私が言います。→ 私が(先生にお礼を) 申し上げます。

私が会います。→ 私が(先生に) お目にかかります。

私が見せます。→ 私が(先生に) お目にかけます。

私が借ります。→ 私が(先生から) 拝借(はいしゃく)します。

私が見ます。→ 私が(先生の本を) 拝見(はいけん)します。

私が知っています。→ 私が(先生の奥様を) 存じ上げております。

私があげます。→ 私が(先生に) さしあげます。

私がもらいます。→ 私が(先生から) いただきます。

9-3. 정중/공손표현 문형 : 내가 상대방에게 정중히 말할 때 사용된다.

私は小林と言います。→ 私は小林と申します。

私は正しいと思います。→ 私は正しいと存じます。

私はこの木の名前を知っています。→ 私はこの木の名前を存じております。

私がやります。→ 私がやらせていただきます。(許可받는 행위)

私は帰ります。→ 私は帰らせていただきます。(許可받는 행위)

私は3万円あります。→ 私は3万円ございます。

これは韓国料理です。→ これは韓国料理でございます。

私がかばんを預かっています。→ 私がかばんをお預かりしております。

9-4. 경어표현 유의사항

(1) 경어표현의 主語에 유의

존경표현 主語 : 회사의 상사, 타사의 사람, 선생님, 연장자, 잘 모르는 사람

존경표현 문형 : 「(先生が) **お/ご＋ます形＋になる**」

校長先生はもうお帰りになりました。(교장선생님은 이미 귀가하셨습니다)

社長は8時の船にお乗りになります。(사장님은 8시배를 타십니다)

겸양표현 主語 : 나 자신, 우리 그룹사람

겸양표현 文型 : 「(私が) **お/ご＋ます形＋する**」

私が会議の時間をお伝えします。(제가 회의시간을 알리겠습니다)

うちの者が書類をご用意します。(저희가 서류를 준비하겠습니다)

(2) 다양한 의미로 사용되는 「**伺**(うかが) **います**」

皆様のご意見を伺います。→「**聞きます**」의 겸양표현

(여러분의 의견을 듣도록 하겠습니다)

いろいろお話を伺いたく存じます。→「**聞きます**」의 겸양표현

(여러 말씀을 듣고 싶습니다)

もう一つ伺いたいことがあります。→「**質問します**」의 겸양표현

(한 가지 더 질문하고 싶은 것이 있습니다)

少しお伺いしますが。→「**質問します**」의 겸양표현

(좀 묻고 싶습니다만)

明日、先生のお宅に伺います。→「**訪問します**」의 겸양표현

(내일 선생님 댁에 방문하겠습니다)

今日はご挨拶に伺いました。→「**来ます**」의 겸양표현

(오늘은 인사하러 왔습니다)

お見舞いに伺ってもよろしいでしょうか。→「**行きます**」의 겸양표현

(병문안 가도 좋을까요)

(3)「**〜でございます**」와「**〜がございます**」의 차이

「**〜でございます**」→「**〜です**」의 정중표현

こちらが新製品でございます。(이쪽이 신제품입니다)

これはドイツのビールでございます。(이것은 독일맥주입니다)

午後の発表でございます。(오후 발표입니다)

「**〜がございます**」→「**〜があります**」의 정중표현

こちらに新製品がございます。(이쪽에 신제품이 있습니다)

午前10時から会議がございます。(오전 10시부터 회의가 있습니다)

地下に駐車場がございます。(지하에 주차장이 있습니다)

(4)「**〜を申し上げます**」와「**〜と申します**」의 차이

「**〜を申し上げます**」→「**〜を言います**」의 겸양표현

暑中お見舞い(を) 申し上げます。(더운데 문안인사 드립니다)

部長にお礼を申し上げました。(부장님께 감사를 드렸습니다)

心からお詫びを申し上げます。(진심으로 사과를 드립니다)

「~と申します」→「~といいます」의 겸양표현

東京大学の鈴木と申します。(도쿄대학 스즈끼라고 합니다)

山田と申します。どうぞよろしく。(야마다입니다. 잘 부탁합니다)

(5) **「ご覧になります」**와 **「ご覧に入れます」**의 차이

「ご覧になります」→「見ます」의 존경표현

社長、報告書をご覧になりますか。(사장님 보고서를 보시겠습니까)

部長、実験結果のグラフをご覧になりますか。(부장님 실험결과 그래프를 보시겠습니까)

先生は学生の撮った写真をご覧になりました。(선생님은 학생이 찍은 사진을 보셨습니다)

「ご覧に入れます」→「見せます」의 겸양표현

社長に報告書をご覧に入れました。(사장님께 보고서를 보여드렸습니다)

私は先生に写真をご覧に入れました。(나는 선생님에게 사진을 보여드렸습니다)

お客様に新しい商品をご覧に入れました。(손님에게 새로운 상품을 보여드렸습니다)

(6) **「話してください」**와 **「お話しください」**는 공손함의 차이

「話し**てください**→**お**話し**ください**→話し**てくださいませんか**」순으로 더욱 공손해진다.

ここで少し待ってください。(여기서 조금 기다려주세요)

→ こちらで少々お待ち下さい。(이쪽에서 조금만 기다려주십시오)

→ こちらで少々待ってくださいませんか。(이쪽에서 조금만 기다려주시지 않겠습니까)

どうぞ入ってください。(어서 들어오세요)

→ どうぞお入りください。(부디 들어와 주십시오)

→ どうぞ入ってくださいませんか。(부디 들어와 주시지 않겠습니까)

ここに名前を書いてください。(여기에 이름을 써주세요)

→ こちらにお名前をお書き下さい。(이쪽에 존암을 써주십시오)

→ こちらにお名前を書いてくださいませんか。(이쪽에 존암을 써주시지 않겠습니까)

次の駅で乗り換えてください。(다음 역에서 갈아타주세요)

→ 次の駅でお乗り換えください。(다음 역에서 갈아타주십시오)

→ 次の駅で乗り換えてくださいませんか。(다음 역에서 갈아타주시지 않겠습니까)

(7) **「お＋ます形＋になります」**: 존경표현, **「お/ご＋ます形＋します」**: 겸양표현

原稿は**先生**がお書きになります。(원고는 선생님이 쓰십니다)

社長は私の意見をお聞きになりました。(사장님은 제 의견을 들으셨습니다)

※ 주의 : します →×おしになります → なさいます

見ます →×お見になります → ごらんになります

来ます →×お来になります → いらっしゃいます

寝ます →×お寝になります → お休みになります

原稿は**私**がお書きします。(원고는 제가 쓰겠습니다)

私は社員の意見をお聞きしました。(저는 사원의견을 들었습니다)

※ 주의 : します →×おしします → いたします

見ます →×お見します → 拝見(はいけん) します

来ます →×お来します → 参(まい) ります

「お/ご＋ます形＋します」보다 **「お/ご＋ます形＋いたします」**가 더 공손한 표현이다.

私が**お**答えします。(제가 대답하겠습니다)

→ **私**が**お**答えいたします。(제가 대답 드리겠습니다)

私が電話を**お**つなぎします。(제가 전화를 연결하겠습니다)

→ **私**が電話を**お**つなぎいたします。(제가 전화를 연결해 드리겠습니다)

私が**ご**案内します。(제가 안내하겠습니다)

→ **私**が**ご**案内いたします。(제가 안내해 드리겠습니다)

後ほど**私**が**ご**報告します。(나중에 제가 보고하겠습니다)

→ 後ほど**私**が**ご**報告いたします。(나중에 제가 보고해 드리겠습니다)

(8) **「お」**와 **「ご」**의 사용법의 차이

1) **「お」**를 붙이는 경우 : 訓読읽기하는 **和語**

お名前　お願い　お手紙　お礼　お荷物　お忙しい　お手伝い

お暇　お寂しい　おつらい　お問い合わせ　お変わりなく　お客様

2) 「ご」를 붙이는 경우 : 音読읽기하는 **漢語**

ご質問　ご旅行　ご意見　ご案内　ご相談　ご連絡　ご出席

ご立派　ご迷惑　ご都合　ご注文　ご主人　ご苦労　ご説明

3) 「お」와 「ご」를 붙이지 않는 경우

- 외래어 : ピアノ　アパート　スプーン　テレビ　パソコン
- 동식물명 : 牛　豚　鶏　犬　猫　桜　ひまわり　バラ　木
- 지명/인명 : 東京　大阪　福岡　広島　田中京子　山本花子
- 공공시설/조직 : 市役所　大使館　図書館　大学　会社　学校

(9) 「うち(内)」와 「そと(外)」 사용주의

일본어는 「うち(우리)」와 「そと(남)」을 구분해서 경어를 사용하는 것도 간과해서는 안 된다. 남과 이야기할 때, 우리에 속한 것은 존경어를 쓰지 않고, 직장상사도 겸양어를 사용한다.

〈B会社에서 A회사로 전화할 때〉

A : もしもし、A社の田中でございます。→×でいらっしゃいます

B : B社の東ですが、社長はおいでになりますか。→×おりますか

A : はい、おります。ただいま、代わります。→×いらっしゃいます

A社의 田中는 상대방을 「です」 대신 정중하게 「でございます」로 표현하고, 자기회사 사장님을 우리라는 범주로 간주해 겸양어 「おります」를 사용한다. B社의 東는 A社의 사장님에게 존경어를 사용한다.

〈학생이 교수님댁에 전화할 때〉

学生 : 夜遅く申し訳ございません。→×すみません

先生はもうお休みになりましたでしょうか。→×休んでおります

教授の妻 : いいえ、まだ起きております。→×起きていらっしゃいます

少々お待ち下さい。→×お待ちいたします

학생은 사모님과 교수님에게 경어를 사용해야 되지만, 사모님은 교수님을 부부라는 우리의 개념으로 인식해서 경어를 사용하지 않는다.

〈전화로 만나고 싶다고 전할 때〉

A社の人：南さんにお目にかかりたいのですが。→×お会いになりたい

B社の人：あいにく南は東京に出張しております。→×出張していらっしゃいます

A社 사람은 「南さん」이라고 해야 하지만, B社 사람은 「南さん」을 우리회사 사람이라는 범주로 간주해 경어를 사용하지 않고, 「南」라고만 한다.

〈아내가 회사로 남편을 찾을 때〉

課長の妻：中山でございますが、お世話になっております。主人は…?

A社の社員：あ、奥様でいらっしゃいますか。→×ございます

課長はただいま外出していらっしゃいます。→×課長さん / ?おります

과장 아내가 자신이 말할 때는 「ございます」「主人」을 사용하고, 상대방에게는 「**お世話になって**おります」로 표현하고 있다.

A社사원은 사모님에게 존경어를 사용하고, 직장상사인 과장님의 경우, 우리 회사상사로 간주해 「課長」으로 호칭하지만, 외출은 「うち(우리)」 개념보다 가족관계가 우선시되므로 「いらっしゃいます」을 사용한다.

(10) 정중함에 대한 배려와 노력

1) 상대방에 대한 호칭에 주의

「あなた」는 절대로 사용하지 말고, 이름이나 직함으로 부른다.

先生　吉本さん　学長　社長　部長　課長

2) 상대방을 평가할 때 주의

社長、ご苦労(くろう)さまでした。(사장님 고생하셨습니다)

→ 社長、ありがとうございました。(사장님 고맙습니다)

課長の車、けっこういいですよ。(과장님 차 꽤 좋아요)

→ 課長の車、とてもいいですよ。(과장님 차 매우 좋아요)

先生の説明、なかなか分かりやすいです。(선생님 설명 매우 알기 쉽습니다)

→ 先生の説明、とても分かりやすいです。

部長は偉(えら)いですね。(부장님은 대단하시네요)

→ 部長はご立派(りっぱ)ですね。(부장님은 훌륭하시네요)

3) 상대방에게 의뢰할 때 주의

① 직설話法보다 우회화법을 사용

{話して/話さないで} ください。{말해 / 말하지 말아} 주세요.

→ {話して/話さないで} くださいませんか。

→ {話して/話さないで} いただけませんか。

→ {話して/話さないで} いただけないでしょうか。

→ {話して/話さないで} ほしいんですけど…。

→ {話して/話さないで} いただけるとありがたいんですが…。

② 머리말을 사용

今ちょっとよろしいでしょうか。(지금 좀 괜찮을까요)

実はお願いがあるんですが…。(실은 부탁이 있는데요)

お忙しいところすみませんが…。(바쁘신데 죄송하지만…)

4) 거절할 때 주의

① 문장의 끝을 생략해 여운효과로 부드럽게

土曜日は用事があるものですから…。(行けません)이 생략

(토요일은 용무가 있어서…)

その日はちょっと都合が悪くて…。(私は行きません)이 생략

(그날은 조금 사정이 안 좋아서…)

このところちょっと忙しいもので…。(私は行きません)이 생략

(요즈음 조금 바빠서…)

② 양해를 구한다음 할 말을 첨가

申し訳ありませんが、ご遠慮くださいませんか。(죄송하지만 사양해 주시지 않겠습니까)

すみませんが、もう一度やることはできません。(미안하지만 다시 한 번 할 수는 없습니다)

残念ですけど、お会いすることができません。(유감이지만 만나 뵐 수가 없습니다)

5) 질문할 때 주의사항

① 친하지 않은 사람에게 **私的**인 질문을 피한다.

×何歳ですか。→?失礼ですが、今年おいくつでしょうか。

(실례하지만 올해 연세가 어떻게 됩니까)

×月給はいくらですか。→?失礼ですが、お給料はどのぐらいですか。

(실례하지만 월급은 어느 정도입니까)

×子供は何人ですか。→?失礼ですが、お子さんは何人でしょうか。

(실례하지만 자녀분은 몇 명입니까)

② 능력에 관한 질문은 피한다.

?ゴルフができますか。(골프를 칠 수 있습니까)

→ ゴルフなさいますか。(골프 하십니까)

?運転ができますか。(운전을 할 수 있습니까)

→ 運転なさいますか。(운전 하십니까)

?英会話ができますか。(영어회화를 할 수 있습니까)

→ 英会話なさいますか。(영어회화 하십니까)

③ 희망/의지에 관한 질문은 피한다.

?何が飲みたいですか。(무엇을 마시고 싶습니까)

→ 何をお飲みになりますか。(무엇을 드시겠습니까)

?何を書くつもりですか。(무엇을 쓸 예정입니까)

→ 何をお書きになりますか。(무엇을 쓰실 겁니까)

?何が食べたいですか。(무엇을 먹고 싶습니까)

→ 何を召し上がりますか。(무엇을 잡수시겠습니까)

?どこを訪問する予定ですか。(어디를 방문할 예정입니까)

→ どちらをお訪ねになりますか。(어느 쪽을 방문하시겠습니까)

④ 부담을 주거나 호의를 강요하는 말을 피한다.

?これは返して**あげます**。(이것은 반납해 둡니다)

→ これはお返しします。(이것은 [제가] 반납하겠습니다)

?その荷物持って**あげます**よ。(그 짐 들어드려요)

→ その荷物お持ちしますよ。(그 짐 [제가] 들겠어요)

10. 名詞化 방법

10-1. い形容詞의 경우

(1) 어미 「~い」를 「~さ」로 바꾼다.

暑い → 暑さ(더위) 悲しい → 悲しさ(슬픔)

寒い → 寒さ(추위) 嬉しい → 嬉しさ(기쁨)

強い → 強さ(강함) 汚い → 汚さ(더러움)

甘い → 甘さ(단맛) 悔しい → 悔しさ(분함)

広い → 広さ(넓이) 明るい → 明るさ(밝기)

若い → 若さ(젊음) 難しい → 難しさ(어려움)

長い → 長さ(길이) 空が青い → 空の青さ(하늘의 푸르름)

暮らしやすい → 暮らしやすさ(살기 좋은, 생활의 편리함)

この山の高さはどのぐらいか分からない。(이산의 높이는 어느 정도인지 모른다)

彼の足の速さにはびっくりしたよ。(그의 발 빠르기에는 놀랐어요)

(2) 어미 「~い」를 「~み」로 바꾼다.

苦い → 苦み(쓴맛) 高い → 高み(비쌈) 深い → 深み(깊이)

強い → 強み(강점) 弱い → 弱み(약점) 悲しい → 悲しみ(슬픔)

辛い → 辛み(매운맛) 甘い → 甘み(단맛) 楽しい → 楽しみ(즐거움)

彼女の楽しみは釣りだ。(그녀의 즐거움은 낚시다)

この果物は甘みが足りない。(이 과일은 단맛이 부족하다)

彼の強みは語学力だ。(그의 강점은 어학능력이다)

この料理の辛みは独特だ。(이 요리의 매운맛은 독특하다)

苦みのある野菜は体にいい。(쓴맛이 있는 야채는 몸에 좋다)

★ 「~さ」는 정도, 「~み」는 감각/감정을 나타낸다.

ピアノ教室は楽しさがある。(피아노교실은 즐거움이 있다)

彼は自分の弱みを見せない。(그는 자기약점을 안 보인다)

この絵は悲しみに沈んでいる人間を表現している。

(이 그림은 슬픔에 잠겨있는 인간을 표현하고 있다)

10-2. な形容詞의 경우 : 어미 「~だ」를 「~さ」로 바꾼다.

便利だ → 便利さ(편리함)　大変だ → 大変さ(어려움)

親切だ → 親切さ(친절함)　まじめだ → まじめさ(성실함)

静かだ → 静かさ(조용함)　複雑だ → 複雑さ(복잡함)

丈夫だ → 丈夫さ(튼튼함)　活発だ → 活発さ(활발함)

この街の賑やかさと便利さが私は好きなんです。(이 거리의 활기참과 편리함을 저는 좋아합니다)

彼のまじめさには驚いたよ。(그의 성실함에는 놀랐어요)

10-3. 動詞의 경우

(1) 「ます形」의 「ます」를 떼면 명사화된다.

喜びます → 喜び(기쁨)　驚きます → 驚き(놀람)

流れます → 流れ(흐름)　山を歩きます → 山歩き(산길걷기)

ケーキを作ります → ケーキ作り(케이크 만들기)

階段を上がります・下ります → 階段の上がり下り(계단 오르내리기)

彼はいろいろな遊びを知っている。(그는 다양한 놀이를 알고 있다)

私は泳ぎが得意です。(저는 수영을 잘합니다)

(2) 「漢語＋する」는 「する」를 떼면 명사화된다.

洗濯する → 洗濯　鳥を研究する → 鳥の研究(새 연구)

出国する → 出国　発音を練習する → 発音の練習(발음연습)

帰国する → 帰国　英語を勉強する → 英語の勉強(영어공부)

私は部屋の掃除が嫌いだ。(나는 방청소를 싫어한다)

(3) 같은 의미의 명사를 사용한다.

山に登る → 登山(とざん)(등산)　売る・買う → 売買(ばいばい) (매매)

本を読む → 読書(どくしょ)(독서)　飲む・食べる → 飲食(いんしょく)(음식)

物を買う → 買い物(쇼핑)　ご飯を食べる → 食事(しょくじ)(식사)

私の仕事は美術品の売買です。(제 직업은 미술품 매매입니다)

11. 名詞수식 방법

11-1. 명사수식 형태

(1) **動詞**의 경우 : 사전形/た形/ない形 + N

駅まで行くバス	飲むと元気が出る薬
ピアノを弾く音	地震があったというニュース
眼鏡をかけた先生	ゴミの問題を書いた本
一番影響をうけた人	読んで泣いてしまった小説
よく行かない場所	考えられない出来事

(2) **い形容詞**의 경우 : 「〜い」+ N

小さいかばん	広い部屋	一番いい方法
背の一番高い人	子供が泣いている大きい声	
雨が多い季節	雪の少ない地域	

(3) **な形容詞**의 경우 : 「〜な」+ N

もっとも簡単な方法	静かなところ	まじめな人
便利な交通手段	好きなやり方	不便な場所

(4) **名詞**의 경우 : N + の + N

日本語の先生	テニスの試合	マスコミの力
地域の祭り	新車のにおい	よく寝られる睡眠の方法

11-2. 연체수식(명사수식)

(1) 内관계 연체수식

文中의 명사를 끄집어내 그것을 나머지 부분으로 수식 한 것으로, 피수식명사가 되어 연체수식절을 만들 수 있는 격은 が格 を格 へ格 に格 で格 등이다.

花子が最優秀賞をもらった。(花子가 최우수상을 받았다)

→ 最優秀賞をもらった花子。(최우수상을 받은 花子)

息子が大学を卒業した。(아들이 대학을 졸업했다)

→ 息子が卒業した大学。(아들이 졸업한 대학)

姉が市場へ行った。(누나가 시장에 갔다)

→ 姉が行った市場。(누나가 간 시장)

公園にブランコがある。(공원에 그네가 있다)

→ ブランコがある公園。(그네가 있는 공원)

図書館で友達に会った。(도서관에서 친구를 만났다)

→ 友達に会った図書館。(친구를 만난 도서관)

(2) 外관계 연체수식

피수식명사와 수식절 사이에 格관계가 성립하지 않는다.

[妹の成績が下がった] 理由。(여동생 성적이 내려간 이유)

[魚をやく] においがしてきた。(생선을 굽는 냄새가 났다)

[学校へ行く] 途中で森田に会った。(학교 가는 도중에 모리타를 만났다)

1) 연체수식절과 피수식명사 사이에 「という」가 삽입되어, 책임추구나 금지로 사용.

[逆転ホームランを打たれる] という結果になった。(역전 홈런을 맞는 결과가 되었다)

[現金を持ち歩くな] という注意があった。(현금을 가지고 다니지 말라는 주의가 있었다)

2) 연체수식절과 피수식명사 사이에 「という」가 삽입되지 않거나 생략된다.

[子供が走り回る] 音が聞こえる。(아이가 뛰어 다니는 소리가 들린다)

[首相が銃で打たれる](という) 事件が起こった。(수상이 총에 맞는 사건이 일어났다)

3) 기준이 되는 장소와 시간을 보충하지 않으면 안 되는 경우.

[私が先生のものまねをしている]後ろで、先生が笑っていた。

(내가 선생님 흉내 내고 있는 뒤에서 선생님이 웃고 있었다)

4) 원인과 결과의 관계에 있는 경우

A選手が引退した(ためにあいた) 穴は大きい。(A선수가 은퇴한 자리는 크다)

12. 名詞술어 표현

12-1. 「名詞+だ」

긍정형은 지시한 사물이 일치할 때, 부정형은 지시한 사물이 불일치할 때 쓰인다.

	긍정형	부정형
보통체	これは本物だ。 (現在) これは本物だった。 (過去)	これは本物ではない。 (現在) これは本物ではなかった。 (過去)
정중체	これは本物です。 (現在) これは本物でした。 (過去)	これは本物ではありません。 (現在) これは本物ではありませんでした。 (過去)

부정형 「~ではない」의 경우, 「は」는 생략이 가능하여 「~でない」로도 쓰이며, 「も」를 사용해 「~でもない」로 쓰일 때도 있다.

또, 「では」는 회화체에서는 「じゃ」「じゃあ」로 많이 쓰인다.

彼は先生ではない。= 彼は先生でない。 (그는 선생님이 아니다)
彼は先生でもない。 (그는 선생님도 아니다)
彼は先生じゃない。= 彼は先生じゃあない。(그는 선생님이 아니다)

12-2. 「名詞+である」 ; 문장어에 많이 쓰인다.

	긍정형	부정형
보통체	これは本物である。 (現在) これは本物であった。 (過去)	これは本物ではない。 (現在) これは本物ではなかった。 (過去)
정중체	これは本物であります。 (現在) これは本物でありました。 (過去)	これは本物ではありません。 (現在) これは本物ではありませんでした。 (過去)

12-3.「名詞+でございます」

名詞+「だ」「である」의 구문보다 정중한 형태로 쓰인다.

	긍정형	부정형
現在	私は父でございます。	私は父でございません。
過去	私は父でございました。	私は父でございませんでした。

第4章 중요문형의 표현방법

1. 「する」 동사와 「やる」「なる」 동사
2. 「いる」 동사와 「ある」 동사
3. 「おかげで/おかげだ」와 「せいで/せいだ/せいか」
4. 「くせに」와 「にもかかわらず」
5. 양자비교와 다자비교표현
6. 「から」「もの」「こと」 표현
7. 「～のだ」「～はずだ」「～べきだ」「～わけだ」 표현
8. 대우표현의 차이
9. 부정표현
10. 화자의 입장에서 본 표현
11. 시점, 기간을 나타내는 표현
12. 가정, 역접을 나타내는 조건표현
13. 이유, 근거, 변화를 나타내는 표현
14. 복합동사 표현과 복합어 표현

第4章 중요문형의 표현방법

1. 「する」 동사와 「やる」 「なる」 동사

1-1. 「する」 동사

(1) 여러 가지 형태

「和語＋する」 동사

あくびする　はなしする　おねがいする　うわさする

「2字漢語＋する」 동사

省略する　成功する　運動する　実験する　研究する

「1字漢語＋する」 동사

愛する　訳する　達する　略する　号する

命ずる　論ずる　感ずる　信ずる　生ずる

「外来語＋する」 동사

スケッチする　スタートする　マスターする　キャッチする

タックルする　パンクする　シャワーする　ドリルする

(2) 여러 가지 용법

「Nする」로 쓰일 경우 : **동작**이나 **현상** 등을 나타낸다.

勉強する　掃除する　パンクする　故障する

研究する　努力する　ほっとする　どきどきする

「Nをする」가 의지적으로 사용될 경우 : **동작/직업/복장**을 나타낸다.

テニスをする　教師をする　ネクタイをする　指輪をする

「Nをする」가 무의지적으로 사용될 경우 : **병/부상**을 나타낸다.

病気をする　怪我をする　足を骨折する

「Nがする」로 쓰일 경우 : 감각, 몸 상태를 나타낸다.

いい臭いがする　母の声がする　香ばしい味がする

吐気がする　寒気がする　頭痛がする　めまいがする

「Nにする」로 쓰일 경우 : 의지결정, 노력목표, 관용구를 나타낸다.

来年日本へ行くことにする。(내년에 일본에 가기로 한다)

私はコーヒーにする。(나는 커피로 한다)

朝早く起きるようにする。(아침일찍 일어나도록 노력한다)

世界を平和にする。(세계를 평화롭게 만든다)

私は大金を手にした。(나는 큰돈을 손에 넣었다)

私は先生の噂を耳にした。(나는 선생님 소문을 들었다)

「Nをしている」로 쓰일 경우 : 外見(형태나 모습)을 나타낸다.

大きい目をしている。(큰눈을 가지고 있다)

長い髪形をしている。(긴머리 형태를 하고 있다)

赤い顔をしている。(붉은 얼굴을 띠고 있다)

1-2. 「やる」 동사의 여러 가지 용법

「Nをやる」로 사용되면, 생계수단/장사/재테크를 나타낸다.

パン屋をやる。(빵집을 한다)

ギャンブルをやる。(도박을 한다)

レストランをやる。(레스토랑을 한다)

株をやる。(주식을 한다)

「やらせてもらう」로 사용되면, 의지를 가지고 어떤 행위를 할 경우이다.

その仕事、やらせていただきます。(그일 제가 하겠습니다)

先にやらせてもらいます。(먼저 하겠습니다)

「Nをやっている」로 사용되면, 임무를 담당하고 있을 경우이다.

彼女は企画をやっている。(그녀는 기획을 담당하고 있다)

学会で編集委員をやっている。(학회에서 편집위원을 맡고 있다)

「Nがやってきた」로 사용되면, 생동감이나 임장감을 전할 경우이다.

私の方に友達がやってきた。(내 쪽으로 친구가 다가왔다)

待ちに待った運動会がやってきた。(손꼽아 기다리던 운동회가 다가왔다)

1-3. 「する」 동사와 「なる」 동사의 표현차이

(1) 「～にする」: 행위중시, 「～になる」: 변화/결과중시

妻がピザを半分にした。(아내가 피자를 반으로 나눴다)

ピザが半分になった。(피자가 반으로 나뉘었다)

スカーフをテーブルクロスにした。(스카프를 식탁보로 만들었다)

スカーフがテーブルクロスになった。(스카프가 식탁보가 되었다)

(2) 「～ことにしている」: 자발적 습관/규칙, 「～ことになっている」: 법적 규칙

家事は分担してやることにしている。(가사일은 나눠서 하기로 하고 있다)

休む時は連絡することになっている。(쉴 때는 연락하기로 되어 있다)

夜は車を運転しないことにしている。(밤에는 운전 안하기로 하고 있다)

公園では禁煙することになっている。(공원에서는 금연하기로 되어 있다)

(3) 「～ようにする」: 노력목표, 「～ようにしている」: 노력하는 습관

「～ようになる」: 가능/변화, 「～ようになっている」: 물건의 구조

大きな活字を使い、老人にも読みやすいようにする。

(큰 활자를 사용해 노인에게도 읽기 쉽게 한다)

肉を小さく切って、子供にも食べられるようにした。

(고기를 작게 썰어 아이에게도 먹을 수 있게 했다)

油ものは食べないようにしている。(기름진 것은 안 먹기로 하고 있다)

出来るだけ早く寝るようにしている。(가능한 일찍 자려고 하고 있다)

日本語が話せるようになった。(일본어를 말할 수 있게 되었다)

英語の新聞が読めるようになった。(영자신문을 읽을 수 있게 되었다)

人が近付くと動くようになっている。(사람이 다가오면 움직이게 되어 있다)

新製品は壊れないようになっている。(신제품은 안 부서지게 되어 있다)

2. 「いる」 동사와 「ある」 동사

존재한다는 의미 「있다」의 경우, 한국어는 사람 · 동물 · 식물 · 사물을 구분하지 않고 「있다」를 사용하지만, 여기에 대응하는 일본어는 사람과 동물에는 「いる」, 식물과 사물에는 「ある」가 사용되어 명확하게 구분해서 사용하고 있다.

학생이 25명 있습니다. 学生が25名います。
고양이가 3마리 있습니다. 猫が3匹います。
벚꽃나무가 수백그루 있다. 桜の木が数百本ある。
지갑에 현금이 5만엔 있다. 財布に現金が5万円ある。

2-1. 동사의 활용

	긍정형		부정형	
보통체	いる ある	いた あった	いない **ない**	いなかった **なかった**
정중체	います **おります**	いました **おりました**	いません **おりません**	いませんでした **おりませんでした**
	あります **ございます**	ありました **ございました**	ありません **ございません**	ありませんでした **ございませんでした**
	현재	과거	현재	과거

「います」를 보다 정중하게 말할 때는 「おります」를 사용하고, 「あります」를 보다 정중하게 말할 때는 「ございます」를 사용한다.

学生が5人いる。(학생이 5명 있다)
学生が5人います。(학생이 5명 있습니다)
学生が5人おります。(학생이 5명 있습니다)

子供が一人しかいない。(아이가 한 명 밖에 없다)
子供が一人しかいません。(아이가 한 명 밖에 없습니다)
子供が一人しかおりません。(아이가 한 명 밖에 없습니다)

つくえの上に本がある。(책상 위에 책이 있다)
つくえの上に本があります。(책상 위에 책이 있습니다)
つくえの上に本がございます。(책상 위에 책이 있습니다)

練習する時間がなかった。(연습할 시간이 없었다)
練習する時間がありませんでした。(연습할 시간이 없었습니다)
練習する時間がございませんでした 。(연습할 시간이 없었습니다)

▼「いる」의 경어로는「いらっしゃる」「おいでになる」가 있다.

私の家に小犬がおります。(우리 집에 작은 개가 있습니다)
クラスに日本人の友達がいる。(반에 일본인 친구가 있다)
社長は会議室にいらっしゃいます。(사장님은 회의실에 계십니다)
先生は研究室においでになっています。(=おいでです)
(선생님은 연구실에 계십니다)

2-2. 존재/소재/소유 구문과 사용

(1) 存在구문 : 알고 있는 장소에 뭐가 존재하는지를 말할 때 사용한다.

「(장소) **には** (사람/동물) **が いる/いない**」, 「(장소) **には** (사물/식물) **が ある/ない**」

1) 스스로 움직일 수 있는 존재는「いる」, 스스로 움직일 수 없는 존재는「ある」

あの水族館**には**めずらしい魚**が**たくさんいる。
(저 수족관에는 희귀한 어류가 많이 있다)

あの魚屋**には**季節の魚**が**たくさんある。
(저 생선가게에는 계절의 생선이 많이 있다)

2) 生死의 경우, 인격취급을 할 때는「いる」, 인격취급을 하지 않을 때는「ある」

あそこには死んだ人が三人いる。(저기에는 죽은 사람이 세 명 있다)

あの病室には脳死状態の人がいる。(저 병실에는 뇌사상태의 사람이 있다)

あそこには死体が三体ある。(저기에는 시체가 세구 있다)

3) 사물이 움직일 때는「いる」, 당분간 움직이지 않을 때는「ある」

道路にたくさんの車がいる。 (도로에 많은 차가 있다)

駐車場にたくさんの車がある。 (주차장에 많은 차가 있다)

[保有/保管하고 있다] [가지고 있다]는 意味가「ある」는 있지만,「いる」는 없다.

4) 가족을 나타내는 경우,「いる」보다「ある」가 자연스럽다.

私には兄弟が5人[ある/いる]。(내게는 형제가 5명 있다)

私には3人子供が[ある/いる]。(내게는 3명의 아이가 있다)

(2) 所在구문 : 존재대상이 어디에 있는지를 말할 때 사용한다.

「(사람/동물) は (장소) に いる/いない」, 「(사물/식물) は (장소) に ある/ない」

1) 인식의 차이에 의한「いる」와「ある」

車はあそこにいます。→ 바로 출발 가능한 차, 動体로 인식된다.

車はあそこにあります。→ 주차되어 있는 무인의 차, 静体로 인식된다.

조작하는 인간과 함께「動体」로 인식되어,「いる」사용이 자연스러운 예

ヒカリ237号は今京都にいる。(히까리237호는 지금 교토에 있다)

2) 생략된 문형 :「~にあります/います」→「~です」, 「~にある/いる」→「~だ」

先生は今3階の会議室です。(선생님은 지금 3층 회의실입니다)

社長はただいま、海外です。(사장님은 지금 해외에 있습니다)

タクシー乗り場は、駅前だ。(택시 승강장은 역 앞에 있다)

◆ 所在구문과 存在구문의 차이

所在文 ; 존재하는 것은 이미 알고 있고, 존재하는 장소를 문제삼을 경우

先生はどこにいますか。(선생님은 어디에 있습니까)

→ 先生は教員室にいます。(선생님은 교무실에 있습니다)

→ 先生は教員室です。(선생님은 교무실입니다)

存在文 ; 장소는 이미 알고 있고, 거기에 존재하는 것을 문제삼을 경우

教員室にだれがいますか。(교무실에 누가 있습니까)

→ 教員室に先生が**います**。(교무실에 선생님이 있습니다)

→ ×教員室に先生です。(×교무실에 선생님입니다)

(3) 所有구문 : 「持っている」의 사용유무와 수식어에 주의해야 한다.

1) 所有가 사람이면 「(人) **には** (人) **が** (数量詞) **いる**」, 「持っている」는 不사용

私**には**子供**が**3人います。(나는 아이가 3명 있습니다)

×私は子供を3人持っています。

2) 추상적인 속성 「재능/정열」을 소유할 경우, 「(人) **には** (才能/情熱) **がある**」

彼**には**才能**が**あります。(그에게는 재능이 있습니다)

彼は才能を持っています。

3) 수량적인 속성 「신장/열」을 소유할 경우, 「(人) **は** (身長/熱) **が** (数量詞) **ある**」

彼女**は**身長**が**170センチあります。(그녀는 키가 170cm입니다)

×彼女は170センチの身長を持っています。

子供**は**熱**が**38度もあった。(아이는 열이 38도나 되었다)

×子供は38度の熱を持っていた。

4) 「目/鼻/口/耳/髪」등의 경우, 「(人) **は** (目/鼻/口/耳/髪) **をしている**」

이 경우, 명사에 수식어가 붙어 있어야 한다.

彼女**は**きれいな目**を**している。(그녀는 예쁜 눈을 가지고 있다)

×彼女は目をしている。

彼**は**黄色い髪**を**している。(그는 노란 머리를 하고 있다)

×彼は髪をしている。

3. 「おかげで/おかげだ」와 「せいで/せいだ/せいか」

(1) 접속형태

動詞의 「る/ない/た」形 + おかげで/おかげだ/せいで/せいだ/せいか

い形容詞의 「い/くない/かった」形 + おかげで/おかげだ/せいで/せいだ/せいか

な形容詞의 「な/ではない/だった」形 + おかげで/おかげだ/せいで/せいだ/せいか

名詞 + 「の/ではない/だった」形 + おかげで/おかげだ/せいで/せいだ/せいか

(2) 구문과 의미

1) 「A **おかげで**(덕분에) B」: A가 좋은 결과의 원인, B는 좋은 결과

おかげさまで、元気になりました。(덕분에 건강해졌습니다)

私は妻**の**おかげで、成功した。(나는 아내덕분에 성공했다)

彼女**の**おかげで、助かりました。(그녀 덕분에 살았습니다)

家の近くにコンビニができ**た**おかげで、買い物が便利になった。

(집 근처에 편의점이 생긴 덕분에 쇼핑이 편리해졌다)

済州道は気候が温暖**な**おかげで、一年中観光客が多い。

(제주도는 기후가 온난한 덕분에 연중 관광객이 많다)

2) 「A **せいで**(탓에/때문에) B」: A가 나쁜 결과의 원인, B는 나쁜 결과

母親**の**せいで、結婚が遅れた。(엄마 때문에 결혼이 늦었다)

工事**の**せいで、毎日うるさい。(공사 때문에 매일 시끄럽다)

食べすぎ**た**せいで、お腹が痛い。(과식한 탓에 배가 아프다)

非常勤は生活が不安定**な**せいで、結婚できない。

(비정규직은 생활이 불안정한 탓에 결혼할 수 없다)

3人が時刻し**た**せいで、みんなバスに乗れなかった。

(3명이 지각한 탓에 모두 버스를 탈 수 없었다)

3) 「Bのは、A**おかげだ**(덕분이다)」: B는 좋은 결과, A가 좋은 결과의 원인

うちの子供が助かったのは、あなた**の**おかげです。

(우리 아이가 구조된 것은 당신 덕분입니다)

オリンピックで金メダルが取れたのは、皆様**の**おかげです。

(올림픽에서 금메달을 딴 것은 여러분 덕분입니다)

この事業が成功したのは、みんなが頑張っ**た**おかげだ。

(이 사업이 성공한 것은 모두가 분발한 덕분이다)

仕事が早く終わったのは、彼が手伝ってくれ**た**おかげだ。

(일이 빨리 끝난 것은 그가 도와준 덕분이다)

4) 「Bのは、**Aせいだ**(탓이다)」: B는 나쁜 결과, A가 나쁜 결과의 원인

暮らしがよくならないのは、政府**の**せいだ。

(생활형편이 좋아지지 않는 것은 정부 탓이다)

目が悪くなったのは、テレビを見すぎ**た**せいだ。

(눈이 나빠진 것은 TV를 너무 많이 본 탓이다)

試合に負けたのは、私がミスをし**た**せいだ。

(시합에서 진 것은 내가 실수를 한 탓이다)

遅刻してしまったのは、電車が遅れ**た**せいだ。

(지각해 버린 것은 전차가 늦었기 때문이다)

5) 「**A せいか**(탓인가) B」: 아마 A가 원인으로 B결과가 발생

歳**の**せいか、この頃疲れやすい。(나이 탓인가 요즘 쉽게 피곤하다)

さっき薬を飲ん**だ**せいか、眠くてしょうがない。

(아까 약을 먹은 탓인가 졸려서 견딜 수 없다)

娘が見舞いに来**た**せいか、食欲が出てきた。

(딸이 병문안 온 탓인가 식욕이 생기기 시작했다)

春になっ**た**せいか、いくら寝ても眠くてたまらない。

(봄이 온 탓인가 아무리 자도 졸려 견딜 수 없다)

4.「くせに」와 「にもかかわらず」

(1) 접속형태

動詞의「る/ない/た」形+くせに, にもかかわらず

い形容詞의「い/くない/かった」形+くせに, にもかかわらず

な形容詞의「な/ではない/だった」形+くせに

な形容詞의「である/ではない/だった」形+にもかかわらず

名詞+「の/ではない/だった」形+くせに, 名詞+にもかかわらず

(2) 구문과 의미

1)「A くせに B」: [A주제에 B한다]는 의미로, A와 B의 주어는 같아야 한다.
B에는 부정적인 평가표현, 비판/비난/불만 등이 사용된다.

彼はお金も**ない**くせに、(彼は) 高級車に乗っている。

(그는 돈도 없는 주제에 고급차를 타고 있다)

兄はお酒をやめると言っ**た**くせに、(兄は) お酒を買ってきた。

(형은 술을 끊는다고 말한 주제에, 술을 사왔다)

あの選手は体が大き**い**くせに、(あの選手は) まったく力がない。

(그 선수는 체구가 큰데도 전혀 힘이 없다)

※ B가 자기 자신에 대한 비판/비난/불만이 되어서는 안 된다.

×私はテニスを10年もやっ**た**くせに、あまりうまくならない。

私はテニスを10年もやっ**た**のに、あまりうまくならない。

(나는 테니스를 10년이나 쳤는데, 그다지 잘 못한다)

※ 주어는 **有情物**이 사용되며, 無情物은 사용할 수 없다.

×あのレストランは高いくせに、あまりおいしくない。

あのレストランは高いのに、あまりおいしくない。

(저 레스토랑은 비싼데 그다지 맛이 없다)

2) 「A にもかかわらず B」

「～のに」「～くせに」보다 객관적인 표현으로, B는 A의 예상과 다르다. 즉 B에는 예상과 다른 사태를 나타내는 표현이 온다.

あれだけ努力し**た**にもかかわらず、すべて失敗に終わってしまった。

(그만큼 노력했는데도 불구하고 모두 실패로 끝나버렸다)

うちのチームは実力があ**る**にもかかわらず、負けてしまった。

(우리 팀은 실력이 있는데도 불구하고 저버렸다)

ここは自然が豊か**である**にもかかわらず、観光客が少ない。

(여기는 자연이 아름다운데도 불구하고 관광객이 적다)

※ A와 B의 주어는 같아도 달라도 사용된다.

母が止め**た**にもかかわらず、**息子**は出かけていった。

(엄마가 말렸는데도 불구하고 아들은 나가버렸다)

母の料理はおいしくないにもかかわらず、**父**はいつも美味しいという。

(엄마 요리는 맛없는데도 아빠는 항상 맛있다고 한다)

※ A와 B의 주어는 **無情物**도 가능하며, B에 화자의 의지표현은 올 수 없다.

雨にもかかわらず、自転車で出かけた。

(비가 오는데도 불구하고 자전거로 외출했다)

雨にもかかわらず、自転車で出かけましょう。(×)

(× 비가 오는데도 불구하고 자전거로 외출합시다)

梅雨にもかかわらず、**雨**が降らない。

(장마인데도 불구하고 비가 안 온다)

5. 양자비교와 다자비교표현

5-1. 2者의 비교

(1)「**AはBより(も) ～**」

今日は昨日より(も)寒い。(오늘은 어제보다 춥다)

韓国は北朝鮮より人口が多い。(한국은 북한보다 인구가 많다)

(2)「AはBより～ほうが～」

スポーツは見るよりするほうがおもしろい。(스포츠는 보는 것보다 하는 게 재미있다)

お金はためるより使うほうが楽しい。(돈은 모으는 것보다 쓰는 게 재미있다)

私は考えるより体を使う方が好きだ。(나는 생각하는 것보다 몸을 사용하는 것을 좋아한다)

(3)「AよりBのほうが～」

花子より順子のほうが背が高い。(하나꼬보다 준꼬가 키가 크다)

ソウルより釜山の方が暖かい。(서울보다 부산이 따뜻하다)

バナナよりリンゴの方が好きだ。(바나나보다 사과를 좋아한다)

이러한 구문은 [～の方]를 붙임으로서 B를 더욱 강조하는 뉘앙스가 있다.

「～の方がずっと～です」

タクシーの方がずっと便利です。(택시가 훨씬 편리합니다)

リンゴの方がずっとおいしいです。(사과가 훨씬 맛있습니다)

이러한 구문은 [～の方]에 화자의 감정이 들어가 있어서 일본어다운 표현이 된다.

(4)「Aのほうが Bより(も) ～」

金さんのほうが李さんよりも英語が上手だ。(金さん이 李さん보다도 영어를 잘한다)

週末のほうが平日より忙しい。(주말이 평일보다 바쁘다)

(5) 2者 사이의 상대적인 정도가 같을 때는 「**同じくらい**」라는 표현을 사용

吉田さんは中村さんと同じくらい歌が上手だ。

(요시다씨는 나까무라씨와 같을 정도로 노래를 잘한다)

(6) 의문표현에서는 「どちら(のほう)」의 형식이 사용

吉田さんと中村さんでは、どちら(のほう)が歌が上手ですか。

(요시다씨와 나까무라씨중 어느 분이 노래를 잘합니까)

5-2. 3者 이상의 비교

(1) 「**AはBで＋ 一番/最も ＋**述語」

私は学校で最も背が高い。(나는 학교에서 가장 키가 크다)

富士山は日本で一番高い山だ。(후지산은 일본에서 가장 높은 산이다)

ソウルは韓国で一番人口が多い都市だ。(서울은 한국에서 가장 인구가 많은 도시다)

(2) 「**〜と〜と〜の中で、〜が＋一番/最も〜です**」

バナナとリンゴとナシの中で、リンゴが一番好きです。

(바나나와 사과, 배 중에서 사과를 가장 좋아합니다)

特急と急行と快速の中で、特急が一番速いです。

(특급과 급행, 쾌속 중에서 특급이 가장 빠릅니다)

AさんとBさんとCさんのうちでは、Bさんが最も適任だと思う。

(A씨와 B씨, C씨 중에서는 B씨가 가장 적임자라고 생각한다)

5-3. 비교의 부정

(1) 「**AはBほど〜ではない/くない**」

A는 B정도가 되지 못한다는 주관적판단아래 비교할 때 쓰인다.

花子は順子ほど背が高くないです。(하나꼬는 준꼬 만큼 키가 크지 않습니다)

AさんはBさんほど英語が上手ではない。(A씨는 B씨만큼 영어를 잘하지 못한다)

平日は週末ほど忙しくない。(평일은 주말만큼 바쁘지 않다)

(2) 「**AはBより〜ではない/くない**」

예측하지 않고 객관적으로 비교할 때 쓰인다.

花子は順子より背が高くない。(花子는 順子보다 키가 크지 않다)

AさんはBさんより英語が上手ではない。(A씨는 B씨보다 영어가 능숙하지 못하다)

6. 「から」「もの」「こと」표현

6-1. 「から」표현

(1) 「**N_1から〜N_2まで**」: 시간/기간(N_1부터 N_2까지)

銀行は9時から3時までです。(은행은 9시부터 3시까지입니다)

10日から14日まで休みます。(10일부터 14일까지 쉽니다)

「**N_1から〜N_2にかけて**」: 기간/범위(N_1부터 N_2에 걸쳐서)

5月から6月にかけて花が咲く。(5월부터 6월에 걸쳐 꽃이 핀다)

九州から近畿にかけて大雨だ。(규슈에서 긴끼에 걸쳐 큰 비다)

(2) 「**A ことから B**」: [A가 원인/이유로 객관적으로 B를 알다]

動詞/い形容詞 : 「사전形/ない形/た形 + ことから」

彼は太って**いる**ことから、運動していないとみえる。

(그는 살찐 것을 보니 운동하지 않은 모양이다)

顔が赤**い**ことから、酔っていると思われる。(얼굴이 빨간 것을 보니 취했다고 생각된다)

な形容詞 : 「**な形**/ない形/た形 + ことから」

彼女は優しくてきれい**な**ことから、とても人気がある。

(그녀는 상냥하고 예뻐서 매우 인기가 있다)

(3) 「**Nからいうと・Nからいえば・Nからいって**」: [N입장에서 판단하면]

私の立場からいうと、それは困ります。(제 입장에서 말하면 그건 곤란합니다)

品質からいえば、こっちの青い方がいい。(품질로 말하면 이쪽 파란 것이 좋다)

あの人の性格からいって、納得するはずがない。(그 사람 성격으로 봐서 납득할 리가 없다)

(4) 「**A からこそ Bのだ**」: 일반적인 생각과 달리 [A의 중요한 이유때문에 B다]

好きだからこそいじめたくなるのです。(좋아하기 때문에 괴롭히고 싶은 것입니다)

愛するからこそ別れるという場合もあるのだ。

(사랑하기 때문에 헤어지는 경우도 있는 것이다)

これは運じゃない。努力したからこそ成功したんだ。

(이것은 운이 아니다. 노력했기 때문에 성공한 것이다)

(5)「Nからして」: 극단적 예시, 근거

リーダーからしてやる気がないのだから、他の人たちがやるはずがない。

(리더부터 할 마음이 없으니 다른 사람들이 할 리가 없다)

部長からして分からないから、ヒラの社員が分からないのも無理はない。

(부장부터 모르니까 평사원이 모르는 것도 무리는 아니다)

あの言い方からして、私はあの人に嫌われているようだ。

(저 말투로 보면 그 사람이 나를 싫어하는 모양이다)

あの人の性格からして、そんなことで納得するはずがない。

(그 사람 성격으로 봐서 그런 일로 납득할 리가 없다)

(6)「AからといってB」: [A만의 이유로 B라고 할 수 없다]

三年日本にいたからといって、日本語が上手とは限らない。

(3년 일본에 있었다고 해서 일본어를 잘한다고 할 수 없다)

値段が高いからといって、ものがいいとは言えない。

(가격이 비싸다고 해서 물건이 좋다고는 말할 수 없다)

金持ちだからといって、必ず幸せだとは言えない。

(부자라고해서 반드시 행복하다고는 말할 수 없다)

(7)「Aから(に)はB」: [A하면 당연히 B다] B는 의지/당위 등을 나타낸다.

新入社員であるからには、もっと早く来るべきだ。

(신입사원이면 좀 더 일찍 와야 한다)

試験を受けるからには、誰でも合格したいものだ。

(시험을 치는 이상 누구나 합격하고 싶은 것이다)

約束したからには、必ず守らなくてはいけない。

(약속한 이상 반드시 지키지 않으면 안 된다)

(8)「Aしたから、Bした」「Bしたのは、Aしたからだ」:

[A원인으로 B결과] [B결과는 A원인 때문이다] 를 나타낸다.

電車の事故があったから、彼は会議に遅れた。(전차사고가 발생해서 그는 회의에 늦었다)

彼が会議に遅れたのは、電車の事故があったからだ。

(그가 회의에 늦었던 것은 전차사고가 있었기 때문이다)

チャンスがなかったから、留学できなかったんです。

(기회가 없었기 때문에 유학할 수 없었습니다)

留学できなかったのは、チャンスがなかったからです。

(유학할 수 없었던 것은 기회가 없었기 때문입니다)

6-2.「もの」표현

(1)「~る/ない/い/な + **ものだ**」: 본성, 일반적, 상식적으로 [~인 것이다]

自分の子供は可愛**い**ものだ。(자기자식은 귀여운 것이다)

悪口を言われるのは嫌**な**ものだ。(욕먹는 것은 싫은 것이다)

年を取ると、目が悪くな**る**ものです。(나이를 먹으면 눈이 나빠지는 것입니다)

とても恥ずかしかったことは絶対忘れ**ない**ものです。

(매우 부끄러웠던 것은 절대로 잊을 수 없는 것입니다)

※ 부정형은「**~ものではない / ~もんじゃない**」

人の悪口を言うもんじゃない。(타인의 욕을 하는 것이 아니다)

食事中にたばこを吸うものではない。(식사 중에 담배를 피우는 것이 아니다)

(2)「よく**~たものだ**」: 감탄, 과거회상 [~했던 것이다]

このビルも古くなっ**た**ものだ。(이 빌딩도 오래된 것이다)

こんな難しい問題がよく解け**た**ものだ。(이런 어려운 문제를 잘도 풀었다)

こんな小さい記事がよく見付けられ**た**ものだ。(이런 작은 기사를 잘도 발견했다)

子供の時、よく川で遊ん**だ**ものだ。(어렸을 때는 강가에서 잘 놀았던 것이다)

学生時代はよく映画を見**た**ものだ。(학생시절에는 영화를 자주 보았던 것이다)

10年前まではよくスキーに行っ**た**ものだ。(10년전까지는 자주 스키 타러 갔던 것이다)

(3)「A ものだから/もので B」: [A가 원인/이유로 B다]

駅まで遠かったものだから、タクシーに乗ってしまった。

(역까지 멀어서 택시를 타버렸다)

英語が苦手なものだから、海外旅行には行きたくない。

(영어가 서툴러서 해외여행은 가고 싶지 않다)

忙しかったものだから、電話できなくてごめんなさい。(바빴기 때문에 전화 못해 미안해)

子供なもので、失礼があったかと思います。(아이여서 실례했다고 생각합니다)

(4)「A (とはいう) ものの B」: [A가 예상됐지만 실제는 예상과 달리 B다]

たばこは体に悪いと分かってはいるものの、なかなかやめられない。

(담배는 몸에 나쁘다는 것을 알지만 좀처럼 끊을 수 없다)

招待状は出したものの、まだほかの準備は全くできていない。

(초대장은 발송했지만 아직 다른 준비는 전혀 하지 않았다)

新しいラケットを買ったものの、まだ一度も使っていない。

(새로운 라켓을 샀지만 아직 한 번도 사용 안했다)

四月とはいうものの風が冷たく、桜もまだだ。

(4월이라고는 하지만 바람도 차고 벚꽃도 아직이다)

彼女は可愛くてきれいなものの、成績が良くない。

(그녀는 귀엽고 예쁘지만 성적이 안 좋다)

(5)「A ものなら B」: [A가 실현가능하다면 B하고 싶다]

一人でやれるものなら、やってみなさい。(혼자서 할 수 있으면 해보세요)

出来るものなら、世界中を旅行してみたい。(가능하다면 전 세계를 여행해 보고 싶다)

こんな職場など辞められるものなら、辞めてしまいたい。

(이런 직장 따위 그만둘 수 있으면 그만두고 싶다)

(6)「A もの(です) か」: A를 강하게 부정해, 절대 그럴 리 없다는 것을 나타낸다.

誰が人に手渡したりするものですか。(누가 타인에게 양도하기도 한다는 말입니까)

こんな複雑な文章、訳せるものですか。(이런 복잡한 문장을 번역할 수 있단 말입니까)

あんなウソをつく人と、二度と話なんかするものか。

(그런 거짓말 하는 사람과 두 번 다시 말해나 봐라)

(7) 「**～ものがある**」: [어떤 특징이 있다고 느껴진다]는 의미

彼の歌は人々を感動させるものがある。(그의 노래는 사람들을 감동시키는 것이 있다)

その映画は家族について考えさせるものがある。

(그 영화는 가족에 대해서 생각하게 하는 것이 있다)

この企画書はいくつかの点で見るべきものがある。

(이 기획서는 몇 가지 점에서 봐야할 것이 있다)

6-3. 「こと」 표현

(1) 「～る**ことが{できる/できない}**」: 가능, 불가능

彼はドイツ語で話すことができる。(그는 독일어로 말할 수 있다)

あの日のことは忘れることができない。(그날 일은 잊을 수가 없다)

(2) 「～た**ことがある**」: **경험**　　「～{る/ない}**ことがある**」: 간혹 발생하는 일

あの方にお会いしたことがあります。(그분을 뵌 적이 있습니다)

朝、食事しないことがある。(아침에 식사안하는 일이 있다)

その本は高校の時読んだことがある。(그 책은 고교생 때 읽은 적이 있다)

風が強いと電車が止まることがある。(바람이 강하면 전차가 멈추는 일이 있다)

パソコンの調子がおかしくなることがある。(컴퓨터상태가 이상해지는 일이 있다)

「～る**こともある**」: 빈도가 적어 흔치 않을 때 사용

いつも遅いが、早く寝ることもある。(항상 늦지만 빨리 잔적도 있다)

私はたまにタクシーに乗ることもある。(나는 가끔 택시 타는 일도 있다)

いつもはうるさいが、たまに静かなこともある。(항상 시끄럽지만 가끔 조용한 적도 있다)

(3) 「Nは～こと{だ/です}」: 충고, 부연설명

風邪を引いた時はゆっくり休むことだ。(감기 걸렸을 때는 푹 쉬는 것이다)

彼の欠点は時間を守らないことだ。(그의 결점은 시간을 안지키는 것이다)

分からない時は聞いてみることだ。(모를 때는 물어보는 것이다)

息子の趣味は本を読むことだ。(아들 취미는 책을 읽는 것이다)

(4) 「Nは～こと、～ことだ」: 이유를 열거할 때 사용

この町の人口が減った理由は交通が不便なこと、店が少ないことだ。

(이 마을 인구가 준 이유는 교통이 불편하고, 가게가 적기 때문이다)

お弁当を買う人が多いのはすぐに食べられること、値段が安いことだ。

(도시락을 사는 사람이 많은 것은 바로 먹을 수 있고 가격이 싸기 때문이다)

(5) 「～ことになる」 「～ことになった」: 공적인 결정, 결론, 결과

専門家を招待する**ことになった**。(전문가를 초대하게 되었다)

二人は離婚し**ない**ことになった。(둘은 이혼하지 않게 되었다)

来年、定年を迎え**る**ことになる。(내년에 정년을 맞이하게 된다)

今度、H支店に行くことになった。(이번에 H지점에 가게 되었다)

「～ことになっている」: 공적인 법률, 규칙, 관례

部長は発表し**ない**ことになっている。(부장님은 발표하지 못하게 되어 있다)

会社は8時まで出勤す**る**ことになっている。(회사는 8시까지 출근하게 되어 있다)

大会は2年ごとに行われ**る**ことになっている。(대회는 2년마다 열리게 되어 있다)

(6) 「～ことにする」 「～ことにした」: 개인적인 의지의 결정, 취급

→ 「～ことに{決める/決めた}」로 바꿔 쓸 수 있다.

彼女と別れ**る**ことにした。(그녀와 헤어지기로 했다)

家で勉強す**る**ことにした。(집에서 공부하기로 했다)

その話は聞かなかっ**た**ことにする。(그 얘기는 안 들었던 걸로 한다)

「～ことにしている」: 개인적인 규칙, 습관

毎日、日記をつけることにしている。(매일 일기를 쓰려고 한다)

健康のため駅まで歩くことにしている。(건강을 위해 역까지 걷기로 한다)

夜はコーヒーを飲まないことにしている。(저녁은 커피를 안마시려 한다)

(7)「～ことはない」: 불필요(격려, 충고할 때 사용)

そんなことで心配することはないよ。(그런 일로 걱정할 필요는 없어요)

一人で悩むことはないのよ。(혼자서 고민할 필요 없어요)

レポートは紙に書くことはない。(리포트는 종이에 쓸 필요 없다)

(8)「Aことなく B」: [A하지 않고 B한다] 즉 보통이 아니다

彼は休日も休むことなく働いている。(그는 휴일도 쉬지 않고 일한다)

列車は遅れることなく大田についた。(열차는 늦지 않고 대전에 도착했다)

我々はいつまでも変わることなく友達だ。(우리들은 언제까지나 변함없이 친구다)

(9)「감정형용사+ことに」: 화자의 기분을 미리 나타낸다.

困ったことに、今お金がない。(난처하게도 지금 돈이 없다)

驚いたことに、彼女はもうその話を知っていた。

(놀랍게도 그녀는 이미 그 얘기를 알고 있었다)

嬉しいことに、テニス大会で始めて優勝した。

(기쁘게도 테니스대회에서 처음으로 우승했다)

(10)「～ということだ」「～とのことだ」: 伝聞(전해들은 내용)

卵がまた値上がりするとのことです。(계란 값이 또 인상된다고 합니다)

ゆっくり休むことが大切だということです。(푹 쉬는 것이 중요하다는 겁니다)

心配しなくても大丈夫だということです。(걱정하지 않아도 괜찮다는 겁니다)

医者によると、5時間寝れば十分だということだ。

(의사에 의하면 5시간자면 충분하다는 것이다)

(11)「**～ことは～が/けれど**」: 소극적인 긍정

あの映画、見たことは見たけれど、あまり面白くない。

(그 영화 보기는 봤지만 그다지 재미없다)

合格して嬉しいことは嬉しいが、これからが心配だ。

(합격해서 기쁘기는 기쁘지만 이제부터가 걱정이다)

(12)「**～ことに(は) ならない**」: ～라고 말할 수 없다. [불인정]

これだけでは論文を書いたことにならない。

(이것만으로는 논문을 썼다고 말할 수 없다)

話せなければ、日本語ができることにはならない。

(말할 수 없으면 일본어가 가능하다고 말할 수 없다)

公園を10分歩いただけで、運動したことにならないよ。

(공원을 10분 걸은 것만으로 운동했다고 말할 수 없어요)

(13)「**～ことがわかる**」: ～라는 것을 알 수 있다. [객관적 인정]

表で見ると、インターネットを利用する学生が多いことが分かる。

(표로 보면 인터넷을 이용하는 학생이 많은 것을 알 수 있다)

表で見ると、多くの人が検索エンジンを使っていることが分かる。

(표로 보면 많은 사람이 검색을 사용하는 것을 알 수 있다)

グラフで見ると、テレビはパソコンほど多くないことが分かる。

(그래프로 보면 TV는 컴퓨터만큼 많지 않다는 것을 알 수 있다)

7.「~のだ」「~はずだ」「~べきだ」「~わけだ」표현

7-1.「~のだ」표현

「~のだ」는 문서체에서「~のである」로 사용된다.「~のだ」가 회화체의 경우「の」는「ん」이 되므로, 편안한 말투에서는「~のだ」「~んだ」로 사용되고, 공손한 말투에서는「~のです」「~んです」로 사용되고 있다.

(1) 사정이나 이유설명

遅刻してすみません。電車が遅れてきたんです。

(지각해서 죄송합니다. 전차가 늦게 왔습니다)

お先に失礼します。今日は結婚記念日なんです。

(먼저 실례하겠습니다. 오늘은 결혼기념일입니다)

バスが来なくて、遅れたのだ。(버스가 안와서 늦은 것이다)

(2) 설명요구

もうお帰りになるのですか。(벌써 귀가하십니까)

どこで練習しているのですか。(어디서 연습하고 있습니까)

今、何をしているんですか。(지금 무엇을 하고 있는 겁니까)

(3) 명령, 설득

風邪なんだから、早く寝るんだ。(감기니까 빨리 자라)

呼ばれたら返事をするんだよ。(호명되면 대답을 하는 거야)

おとなしく待ってるんだよ。(얌전하게 기다리는 거야)

(4) 납득, 결말

日本は本当に山が多い。日本はやはり山国なのだ。

(일본은 정말 산이 많다. 일본은 역시 산의 나라인 것이다)

エンジンオイルが漏れている。だから変な臭いがしたのだ。

(엔진오일이 새고 있다. 그래서 이상한 냄새가 난 것이다)

コンセントが抜けている。だから電気がつかなかったのだ。

(콘센트가 빠져 있다. 그래서 불이 안 켜졌던 것이다)

(5) 확인

〈天気予報を聞いて〉やっぱり、今日は雨なんだ。

(〈일기예보를 듣고〉 역시 오늘은 비구나)

〈スケジュールを見て〉ああ、パリには三日泊まるんだ。

(〈일정표를 보고〉 아 파리에는 3일 머문다)

〈大きいかばんを見て〉あれ、どこかへご旅行なんですか。

(〈큰 가방을 보고〉 어머 어디 여행가십니까)

(6) 주장

私は来年、留学するんだ。(나는 내년에 유학 간다)

やっぱり、これでよかったのだ。(역시 이것으로 좋았던 것이다)

私の意見は間違っていないのだ。(내 의견은 안 틀렸던 것이다)

(7) 후회

もう少し早く準備しておくのだった。(좀 더 빨리 준비해 두는 것이었다)

もっとしっかり勉強しておくのだった。(더 확실히 공부해 두는 것이었다)

妻にもっと優しくするんだった。(아내에게 더 친절히 하는 것이었다)

(8) 감개의 회고

ついに両国に平和が訪れたのであった。(드디어 양국에 평화가 찾아온 것이었다)

ようやく父の後を受けて家業を継ぐ決心がついたのであった。

(겨우 아버지 뒤를 이어 가업을 잇는 결심이 선 것이었다)

7-2.「～はずだ」표현

(1) 화자의 판단이나 확신

今日は日曜日だから、どこも休みのはずです。

(오늘은 일요일이니까, 어디도 쉴 것입니다)

早く行けば、20分ぐらいで行けるはずです。

(빨리 가면 20분 정도로 갈 수 있을 것입니다)

彼はアメリカに長く住んでいたんだがら、英語がうまいはずだ。

(그는 미국에 오래 살았으니까, 영어를 잘할 것이다)

(2) 의외나 불신, 실망이나 후회

確かここに置いたはずだけどな。(확실히 여기에 두었을 텐데)

おかしいな、もう少し温度が上がるはずなんだが。

(이상한데 좀 더 온도가 올라갈 텐데)

今日の講義は早めに終わるはずだった。(오늘의 강의는 일찍 마칠 예정이었다)

彼も来るはずだったが、急用ができて来られないそうだ。

(그도 올 예정이었지만 급한 일이 생겨서 올 수 없다고 한다)

(3)「はず」를 사용한 부정문형

「～ないはずだ」: 부정을 포함하는 사항을 확신

彼女は今日来ないはずだ。(그녀는 오늘 오지 않을 것이다)

「～はずがない」: 확신자체의 부정, 가능성의 부정

彼女は今日来るはずがない。(그녀는 오늘 올 리가 없다)

あの人がそんなひどいことをするはずがない。

(그 사람이 그런 심한 짓을 할 리가 없다)

「～はずではない」: 예상과 달라서, 실망하거나 후회하는 기분

彼が来るはずではなかったのに。(그가 올리는 없었는데)

こんなことになるはずではなかった。(이렇게 될 리는 없었다)

「～はずがないじゃない」: 확신자체의 부정을 또 부정

何を寝ぼけているの。死んだ人が来るはずがないじゃない。

(무슨 잠꼬대 같은 소리야. 죽은 사람이 올 리가 없지 않잖아)

(4) 관용적인 표현

「そのはずだ」「そのはずだった」: 당연한 귀결

A：細田さんは来ますか。B：はい、そのはずです。

(호소다씨는 옵니까. 네 그럴 것입니다)

「そんなはずはない」「そんなはずはなかった」: 강한 부정

A：田中さんが来るそうですよ。B：いや、そんなはずはない。

(다나카씨가 온데요. 아뇨, 그럴 리는 없어)

「こんなはずではない」「こんなはずではなかった」: 유감스러운 기분

ああ、どうしたんだろう。こんなはずではなかったんだが。

(어찌된 일이지. 이럴 리는 없었을 텐데)

7-3.「～べきだ」표현

(1)**「べきだ」「べきではない」**: 충고나 권유, 금지나 명령

約束は守るべきだ。(약속은 지켜야 한다)

借りたものは返すべきだ。(빌린 것은 갚아야 한다)

心配しすぎないで、何でもチャレンジすべきだ。

(너무 걱정하지 말고 뭐든지 도전해야 한다)

正しいと思ったことははっきり言うべきだ。(옳다고 생각한 것은 분명히 말해야 한다)

他人の私生活に干渉するべきではない。(타인의 사생활에 간섭해서는 안 된다)

(2)**「べきだった」「べきではなかった」**: 후회나 반성의 기분

あの時買っておくべきだった。(그때 사두는 것이었다)

→ 実際には買わなかったが、あの時買っておけばよかった。

あんな酷いことを言うべきではなかった。(그런 심한 말을 하는 게 아니었다)

→酷いことを言ってしまったが、あんな酷いことを言わなければよかった。

(3)「사전형+べき+名詞」: [그렇게 할 의무가 있다] [그 일이 당연하다]

来るべき人が来ないので、まだ始められないのです。

(올 사람이 안 와서, 아직 시작할 수 없습니다)

ついに決めるべき時が来た。(드디어 결정해야 할 때가 왔다)

言うべき人が言った。(말해야 할 사람이 말했다)

7-4.「~わけだ」표현

(1)「~わけだ」: 결론, 당연

「XだからYわけだ」문형으로 Y가 X로부터 도출되며, わけだ는 はずだ로 교환가능

彼は父親が画家だから、絵が上手なわけだ。(=上手なはずだ)

(그는 아버지가 화가여서 그림을 잘 그리는 것이다)

収入が増えれば、税金も増えるわけだ。(=増えるはずだ)

(수입이 늘면 세금도 느는 법이다)

熱が40度もあるのですから、苦しいわけです。(=苦しいはずです)

(열이 40도나 되니까 괴로운 것이다)

(2)「~わけにはいかない」: 불가능(일반상식이나 사회적인 통념상)

今日は車で来ているから、お酒を飲むわけにはいかない。

(오늘은 차로 왔으니까, 술을 마실 수는 없다)

いくらお金をもらっても、不正に入学させるわけにはいかない。

(아무리 돈을 받아도 부정 입학시킬 수는 없다)

そんなことをあの人に言うわけにはいきませんよ。

(그런 일을 그 사람에게 말할 수는 없어요)

(3)「**～わけではない**」: 설명, 강조, 변명 →「(という) ことではない」로 교환가능

料理が嫌いなわけではない。(요리가 싫은 것은 아니다)

日曜日でも暇なわけではない。(일요일도 한가한 것은 아니다)

あのレストランは値段が安いわけではない。(그 레스토랑은 가격이 싼 것은 아니다)

あの店はメニューが多いわけではない。(저 가게는 메뉴가 많은 것은 아니다)

今日泊まるホテルは便利なところにあるわけではない。

(오늘 숙박하는 호텔은 편리한 곳에 있는 것은 아니다)

(4)「**～わけがない**」: 가능성의 판단 →「はずがない」로 교환가능

そんな計画ではこの仕事が成功するわけがなかった。

(그런 계획으로는 이일이 성공할 리가 없었다)

手紙を出したのは一週間前だから、着いていないわけがない。

(편지를 보낸 것은 일주일전이니까, 도착하지 않을 리 없다)

こんな忙しい時期にスキーに行けるわけがない。

(이렇게 바쁜 시기에 스키 타러갈 수가 없다)

(5)「**～わけが違う**」: 내용이나 질적인 면에서 훨씬 뛰어나다는 의미

この茶碗は、そこらにあるものとわけが違う。

(이 밥그릇은 주위에 있는 것과 질이 다르다)

今日はいつもとわけが違うから、失礼のないように注意してください。

(오늘은 여느 때와 다르니까, 실례 없도록 주의해 주세요)

(6)「**～わけがわからない**」: 머리가 혼란스러워 사정을 모르겠다는 의미

あの人は何を言っているのか、わけが分かりません。

(저 사람은 무엇을 말하고 있는지 영문을 모르겠습니다)

問題があまりにも複雑なので、わけが分からなくなってしまった。

(문제가 너무나 복잡해서 영문을 모르게 되었다)

一体あの映画は何が言いたいのか、わけが分からない。

(도대체 그 영화는 무얼 말하고 싶은 것인지 모르겠다)

8. 대우표현의 차이

8-1. 보통표현과 공손표현

	보통표현	공손표현
動詞	問題がある 問題がない 問題があった 問題がなかった	問題があります 問題がありません 問題がありました 問題がありませんでした
い形容詞	物価が高い 物価が高くない 物価が高かった 物価が高くなかった	物価が高いです 物価が高くないです 物価が 高くありません 物価が高かったです 物価が高くなかったです 物価が 高くありませんでした
な形容詞	彼女は元気だ ×彼女は元気**である** 彼女は元気ではない 彼女は元気だった ×彼女は元気**であった** 彼女は元気ではなかった	彼女は元気です 彼女は元気ではありません 彼女は元気でした 彼女は元気ではありませんでした
名詞	あの方は先生だ ×あの方は先生**である** あの方は先生ではない あの方は先生だった ×あの方は先生**であった** あの方は先生ではなかった	あの方は先生です あの方は先生ではありません あの方は先生でした あの方は先生ではありませんでした
其他	雪が降るだろう ×雪が降る**であろう** 上手なのだ ×上手な**のである** 話そう 飲んで{ほしい/もらいたい}	雪が降るでしょう 上手なのです 話しましょう 飲んでください

8-2. 편한 말투표현

(1) 짧은 형태로 축약하거나 발음의 편리성 추구

やってしまう → やっちゃう　　買ってしまう → 買っちゃう

意見を変えてしまう → 意見を変えちゃう　　飲んでしまう → 飲んじゃう

死んでしまう → 死んじゃう　　読んでいた → 読んでた

言っていた → 言ってた　　テレビを見ていた → テレビを見てた

履いている → 履いてる　　運動している → 運動してる

書いておく → 書いとく　　話しておく → 話しとく

私のではない → 私のじゃない　　本物ではない → 本物じゃない

それほど簡単ではない。 → それほど簡単じゃない。

(그 정도로 간단하지는 않다)　(그만큼 간단치 않다)

飲んでは → 飲んじゃ　　話してはだめだ → 話しちゃだめだ

分からない → わかんない　　聞いてみたのだ → 聞いてみたんだ

いい結果は出ないのではないか。 →いい結果は出ないんじゃないか。

(좋은 결과는 나오지 않는 것은 아닌가)　(좋은 결과는 안나오지 않는가)

発表したのだ → 発表したんだ　　大問題なのだ → 大問題なんだ

行かなければ → 行かなきゃ　　反対しなければ → 反対しなきゃ

食べなくては → 食べなくちゃ　　飲まなくては → 飲まなくちゃ

説明しなければならない → 説明しなきゃならない

来ないと言った → 来ないって言った

見ないと言った → 見ないって言った

いくら時間があっても → いくら時間があったって

すぐ捨ててしまおうと思った。 → すぐ捨てちゃおうって思った。

(바로 버려버리려고 생각했다)　(바로 버리려고 했다)

(2) 공손어를 보통어로 전환

わたくし(공손어) → わたし/あたし/ぼく/おれ(보통어)

こちら/そちら/あちら/どちら → こっち/そっち/あっち/どっち

この方 → この人

この方々 → この人達

早めに → 早く

わたくしども → 私たち

しかし/だが → だけど/けど

行ったが/行ったけれども → 行ったけど

けれども → でも

あまり → あんまり

たいへん/ひじょうに → すごく/とても

後(のち)ほど → あとで

早速(さっそく) / 早急(そうきゅう)に → すぐ

まことに → 本当(ほんとう)に

今後(こんご)/これより → これから

さきほど → さっき

よろしい/けっこう → いい

いかが → どう

いかほど/おいくら → いくら

もはや → もう

少々(しょうしょう) → ちょっと/少し

(3) 조사나 표현일부 생략

それは何ですか。(공손어) → それ、なに?(보통어)

(그것은 무엇입니까) (그거 뭐야?)

どこへ行くのですか。 → どこ、行くの?

(어디에 가는 것입니까) (어디 가니?)

車の運転ができますか。 → 車の運転、できる?

(차 운전을 할 수 있습니까) (차 운전 가능해?)

この使い方を教えてください。 → この使い方、教えて。

(이 사용법을 가르쳐 주십시오) (이 사용법 가르쳐줘)

それは彼が反対したからです。 → だって彼が反対したもん。

(그것은 그가 반대했기 때문입니다) (글쎄 그가 반대했는걸)

8-3. 회화체와 문서체

(1) 부사의 경우

すごく・とっても(회화체) → 非常(ひじょう)に・大変(たいへん)(문서체)

もっと → さらに・より

いっぱい → 多数(たすう)・大勢(おおぜい)・たくさん

どんどん → 急速(きゅうそく)に

ちょっと → 少し・多少(たしょう)

やっぱり → やはり

だんだん → 次第(しだい)に

全然(ぜんぜん) → 全(まった)く

(2) 문형 / 문말

「～なんか～」→「～など～」

英語なんかできない。(회화체) → 英語などできない。(문서체)

「～みたいな～」→「～のような～」

ただみたいなものだ。(회화체) → ただのようなものだ。(문서체)

「～だめだ」→「～よくない」「～いけない」

反対はだめだ。(회화체) → 反対はよくない/いけない。(문서체)

(반대는 안된다) (반대는 좋지 않다)

秘密を守らないのはだめだ。(회화체) → 秘密を守らないのはよくない/いけない。(문서체)

(비밀을 안지키는 것은 안된다) (비밀을 지키지 않는 것은 좋지 않다)

「～みたいだ」→「～のようだ」「～らしい」

まるで台風みたいだ。(회화체) → まるで台風のようだ。(문서체)

彼女は子供みたいだな笑顔を見せた。(그녀는 아이 같은 미소를 보였다) (회화체)

→ 彼女は子供らしい笑顔を見せた。(그녀는 아이다운 미소를 보여줬다) (문서체)

(3) 접속사와 축약형

だから(회화체) → そのため・したがって(문서체)

でも・だけど(회화체) → しかし・だが(문서체)

こっち/そっち/あっち/どっち → こちら/そちら/あちら/どちら

どっちの場合でも同じ結果だ。→ どちらの場合でも同じ結果だ。

(어느 경우도 같은 결과다) (어느쪽의 경우라도 똑같은 결과이다)

9. 否定표현

9-1. 강한 부정

「～どころか」: 예상/기대를 강하게 부정할 때 사용.

彼は病気どころか、ぴんぴんしている。(그는 아프기는커녕 팔팔하다)

彼は独身どころか、子供が3人もいる。(그는 독신은커녕 아이가 3명이나 있다)

彼は静かなどころか、おしゃべりだ。(그는 조용하기는커녕 수다쟁이다)

「～もしない」: 불만감/의외성을 가질 때 사용.

考えもしないで、言わないでください。(생각하지도 않고 말하지 마세요)

声をかけたが振り向きもしなかった。(말을 걸었지만 돌아보지도 않았다)

データが正しいか調べもしないの。(데이터가 올바른지 조사도 안 해?)

「～ものか」: 화자가 그럴 리 없다고 강하게 주장할 때 사용.

そんなことがあるもんか。(그런 일이 있단 말인가)

こんなもの必要なものか。(이런 물건 필요하단 말인가)

「～はずがない」「～わけがない」: 그럴 가능성/이유가 없을 때 사용.

彼がそんなことをするはずがない。(그가 그런 일을 할 리가 없다)

これを母親が知らないはずがない。(이것을 엄마가 모를 리 없다)

彼女が犯人なわけがない。(그녀가 범인일리 없다)

忙しい時期に休むわけがない。(바쁜 시기에 쉴리 없다)

9-2. 부분부정

「いつでも / いつも / 必ず(かならず) / 全部(ぜんぶ) / どこでも / 何(なん)でも / 何(なに)も / みんな」+

「～とは言えない　～とは限らない　～のではない　～わけではない」

安い物が全部質が悪いとは言えない。(싼 것이 전부 질 나쁘다 할 수 없다)

彼の話が全て本当だとは言えない。(그의 말이 모두 사실이라 할 수 없다)

勉強すれば必ず合格できるとは限らない。

(공부하면 반드시 합격한다고는 할 수 없다)

妻の料理もいつも美味しいとは限りません。

(아내 요리도 언제나 맛있다고는 할 수 없습니다)

毎日ビールを飲むのではない。(매일 맥주를 마시는 것은 아니다)

いつでも暇なのではありません。(언제나 한가한 것은 아닙니다)

私はあまり料理をしないが、料理が嫌いなわけではない。

(나는 그다지 요리하지 않지만, 요리가 싫은 것은 아니다)

あの食堂はいつも客がいっぱいだが、特別おいしいわけではない。

(그 식당은 언제나 손님이 많지만, 특별히 맛있는 것은 아니다)

9-3. 소극적 긍정/부정

「～ないことはない」「～なくはない」「～なくもない」: 소극적으로 긍정할 때 사용.

外に行きたくないことはない。(밖에 안 나가고 싶은 것은 아니다)

一週間で出来ないことはない。(일주일에 할 수 없는 것은 아니다)

再婚する気もなくはないようだ。(재혼할 마음도 없지는 않은 것 같다)

お酒を飲みたい気持ち分からなくはない。

(술을 마시고 싶은 마음 모르는 것은 아니다)

結婚するつもりがなくもない。(결혼할 생각이 없는 것도 아니다)

父を恨む気持ちがなくもない。(아빠를 원망하는 마음이 없지도 않다)

「～というものではない」「～というものでもない」: 소극적으로 부정할 때 사용.

食べ物などは安ければそれでいいというものではない。

(먹거리는 싸면 그걸로 좋다는 것은 아니다)

科学が進歩すれば人間の生活がよくなるというものではない。

(과학이 진보하면 인간의 생활이 좋아진다는 것은 아니다)

有名な大学を卒業したからといって、幸せになるというものでもない。

(유명대학을 졸업했다고 해서 행복해지는 것도 아니다)

10. 話者의 입장에서 본 표현

10-1. 화자의 감각/기분

「〜てしかたがない」「〜てしょうがない」「〜てたまらない」

：심적으로 어찌할 수 없어서 미치겠다는 의미로 사용.

彼女のことが気になってしかたがない。(그녀의 일이 걱정되어 견딜 수 없다)

故郷が懐かしくてしかたがない。(고향이 그리워 견딜 수 없다)

学校が楽しくてしょうがない。(학교가 즐거워 어찌할 수 없다)

母親に会いたくてたまらない。(엄마를 만나고 싶어 견딜 수 없다)

「〜てならない」：마이너스 요소로 가득차 있을 때 사용.

最近、眠くてならない。(최근 졸려서 견딜 수 없다)

将来がどうなるか不安でならない。(장래 어찌될지 불안해 견딜 수 없다)

卒業できるかどうか心配でならない。(졸업가능한지 걱정돼 견딜 수 없다)

「〜ないではいられない」「〜ずにはいられない」：의지로 통제 불가능할 때 사용.

友達に話さないではいられなかった。(친구에게 말하지 않을 수 없었다)

疲れて横にならずにはいられなかった。(피곤해서 눕지 않을 수 없었다)

この映画は感動せずにはいられない。(이 영화는 감동하지 않을 수 없다)

「〜ないわけにはいかない」「〜ざるを得(え)ない」

：상식/통념/경험상, 의무적으로 해야만 할때 사용.

面倒でも形式上試験と面接をしないわけにはいかなかった。

(성가셔도 형식상 시험과 면접을 하지 않을 수 없었다)

明日の発表は重要なので、出席しないわけにはいかない。

(내일 발표는 중요해서 출석하지 않을 수 없다)

父が病気で入院したので、帰国せざるを得なかった。

(아버지가 병으로 입원해서 귀국하지 않을 수 없었다)

10-2. 화자의 강한 확신/주장/각오/결의

「~に決(き)まっている」: 확신이 담긴 추측

きっと彼も参加したがるに決まっている。(그도 꼭 참가하고 싶어 할 거다)

寝不足は体によくないに決まっている。(수면부족은 몸에 안 좋을 거다)

「~にほかならない」: 단정적인 확신

礼儀とは人への思いやりにほかならない。(예의라 함은 다른 사람의 배려밖에 없다)

年を取るというのは、経験を積むということにほかならない。

(나이를 먹는 것은 경험을 쌓는다는 것 밖에 없다)

「~にすぎない」: 중요하지 않다는 주장

彼はこの会の一会員に過ぎない。(그는 이모임의 일개회원에 불과하다)

私の発言はただの冗談に過ぎない。(내 말은 단지 농담에 불과하다)

「~しかない」「~(より) ほかない」: 다른 방법이 없다는 각오

買えないから借りるしかない。(살 수 없으니 빌릴 수밖에 없다)

学校が嫌ならやめるしかない。(학교가 싫으면 그만둘 수밖에 없다)

登頂はあきらめるよりほかなかった。(등정은 포기할 수밖에 없었다)

父の世話は私がするよりほかない。(아버지 돌봄은 내가 할 수밖에 없다)

「~までだ」「~までのことだ」: 다른 방법을 취한다는 결의

今年不合格だったら、もう一年頑張るまでだ。(올해 불합격하면 1년 더 노력하면 된다)

両親があくまで反対するなら、家を出るまでのことだ。

(부모가 끝까지 반대하면 집을 나오면 된다)

10-3. 화자의 불가능판단

「~わけにはいかない」: 규범/규칙/예의상 불가능하다고 판단할 때 사용.

今日は大事な会議があるので仕事を休むわけにはいかない。

(오늘은 중요한 회의가 있어서 일을 쉴 수 없다)

まだ大学の3年生だから、卒業するわけにはいきません。

(아직 3학년 이니까 졸업할 수 없습니다)

「~てはいられない」: 절박한 상황이므로 상태지속이 불가능할 때 사용.

時間がないから、遅れて来る人を待ってはいられない。

(시간이 없으니까 늦게 오는 사람을 기다릴 수 없다)

明日試験だから遊んではいられない。(내일 시험이니까 놀고만 있을 수 없다)

こんな忙しい時に寝てはいられない。(이렇게 바쁠 때 자고만 있을 수 없다)

「~かねる」: 심적으로 노력이 불가능할 때 사용.

そのご提案はお受け致しかねます。(그 제안은 받을 수 없습니다)

そのご意見には賛成しかねます。(그 의견에는 찬성할 수 없습니다)

事実を親に言いかねています。(사실을 부모에게 말할 수 없습니다)

「~ようがない」: 방법이 불가능할 때 사용.

彼には連絡しようがありません。(그에게 연락할 방법이 없습니다)

遠いから今日中に行きようがない。(멀어서 오늘 안에 갈 수 없다)

「~どころではない」: 주관적인 활동상황이 불가능할 때 사용.

こう天気が悪くては海水浴どころではない。

(이렇게 날씨가 나쁘면 해수욕할 상황이 아니다)

仕事が残っていて、酒を飲んでいるどころではないんです。

(일이 남아 있어서 술을 마시고 있을 상황이 아닙니다)

ゴルフ場が地震でめちゃくちゃだから、ゴルフどころではないんだ。

(골프장이 지진으로 엉망이라 골프 칠 상황이 아니다)

10-4. 화자의 판단/추측

「~とみえる」「~とみえて」: 주관적인 관찰/관측으로 추측할 때 사용.

何かいいことがあったとみえる。(뭔가 좋은 일이 있는 것 같다)

どうも不合格だったとみえる。(아무래도 불합격한 것 같다)

夜中に雨が降ったとみえて、道路がぬれている。

(밤중에 비가 온 것 같아, 도로가 젖어 있다)

「〜に違(ちが)いない」「〜に相違(そうい)ない」: 근거에 의한 강한 확신판단일 때 사용.

試験は難しかったに違いない。(시험은 어려웠던 게 틀림없다)

きっと知らなかったに違いない。(틀림없이 몰랐던 게 틀림없다)

今後野党との対立は激しくなるに相違ない。(앞으로 야당과의 대립은 심해질게 뻔하다)

「〜かねない」: 좋지 않은 결과의 위험성을 추측할 때 사용.

彼は途中で仕事を投げ出しかねない。(그는 도중에 일을 포기할지도 모른다)

かぜ薬を飲んだから、運転すると事故を起こしかねない。

(감기약을 먹어서 운전하면 사고를 낼지도 모른다)

「〜おそれがある」: 객관적인 관점에서 위험성을 예측할 때 사용.

今夜大雪のおそれがある。(오늘밤 폭설이 내릴 가능성 있다)

転んで怪我をするおそれがある。(넘어져서 다칠 우려가 있다)

お腹をこわすおそれがあります。(배탈날수가 있습니다)

「〜まい」: 「〜ないだろう」의미로, 추측/예측을 부정할 때 사용.

税金を減らすのに反対する人はいるまい。

(세금을 줄이는데 반대할 사람은 없을 것이다)

この仕事は今日中には終わるまい。(이일은 오늘 중으로는 끝나지 않을 것이다)

不景気は長く続くまい。(불경기는 오래 지속되지 않을 것이다)

10-5. 화자의 소원/희망/감탄

「〜てほしい」「〜ないでほしい」: 화자가 상대방이 〜해주길 희망할 때 사용.

ゴミは決められた時間に出してほしい。(쓰레기는 정해진 시간에 버렸으면 한다)

お知らせは必ず読んでほしい。(알림은 꼭 읽었으면 한다)

店の前には車を止めないでほしい。(가게 앞에는 차를 주차하지 않았으면 한다)

夜遅く、洗濯しないでほしい。(밤늦게 빨래 안했으면 한다)

宿題を増やさないでほしい。(숙제를 늘리지 않았으면 한다)

「～たいものだ」「～てほしいものだ」: 주관적인 희망사항을 강조할 때 사용.

私も親から独立したいものだ。(나도 부모로부터 독립하고 싶은 것이다)

仕事だけでなく、家庭も大切にしていきたいものだ。

(일뿐만이 아니라 가정도 소중히 해가고 싶은 것이다)

戦争がなくなってほしいものだ。(전쟁이 없어졌으면 한다)

このまま平和な生活が続いてほしいものだ。(이대로 평화로운 생활이 계속됐으면 한다)

「～ないものか」: 실현가능성이 낮은 것에 대한 강한 희망을 나타냄.

この状況を打開できないものか。(이 상황을 타개할 수 없는 것인가)

私の力で助けてあげられないものか。(내 힘으로 도와줄 수 없는 것인가)

人間は長生きできないものか。(인간은 오래살 수 없는 것인가)

「～ものだ」: 감탄이나 감개를 나타냄.

友情とは素晴らしいものですね。(우정은 멋진 것이군요)

海外旅行は楽しいものだ。(해외여행은 즐거운 것이다)

10-6. 화자가 청자에게 제안

「～べきだ」「～べきではない」: 권유나 조언으로 제안할 때 사용.

それは自分で責任をとるべきだ。(그것은 자신이 책임져야 한다)

人の欠点ばかり言うべきではない。(남의 단점만 말하는 것이 아니다)

「～ことだ」: 권고나 충고로 제안할 때 사용.

疲れた時はゆっくり休むことだ。(피곤할 때는 푹 쉬는 것이다)

長生きしたいなら小食になることだ。(오래살고 싶으면 소식하는 것이다)

「～(よ)うではないか」: 호소로 제안할 때 사용.

合格を目指して頑張ろうではないか。(합격을 목표로 분발하지 않을래)

今夜は飲んで歌おうではないか。(오늘밤은 마시고 노래하지 않을래)

子供を見て我慢しようではないか。(애들을 봐서 참아주지 않을래)

11. 시점, 기간을 나타내는 표현

11-1. 시점/기간의 범위

(1) 어떤 시점

「～とき(に)」: ～동시에 다른 사태/행위가 성립.

新聞を読むとき、眼鏡をかける。(신문을 읽을 때 안경을 쓴다)

寝ている時に地震があった。(자고 있을 때에 지진이 있었다)

「～際(さい)に」「～折(お)りに」: ～처럼 좋은 기회에(공손표현)

お降りの際に、お忘れ物がないよう、お気をつけください。

(내리실 때에 잊으신 물건이 없도록 주의해 주세요)

先月旅行した折りに、新しい鞄を買った。(지난달 여행 때 새 가방을 샀다)

「～たびに」: ～때는 매번 같은 일이 발생한다.

山に行くたびに雨に降られる。(산에 갈 때마다 비를 맞는다)

この写真を見るたびに昔を思い出す。(이 사진을 볼 때마다 옛날을 떠올린다)

「～につけて」: ～때마다 항상 같은 기분이 든다.

柿を食べるにつけて、よく柿をむいてくれた母のことを思い出す。

(감을 먹을 때마다 껍질을 잘 벗겨준 엄마를 떠올린다)

何事につけて我慢が肝心だ。(어떤 경우에도 자제가 중요하다)

(2) 정해진 시간범위

「～あいだ(に)」: ～어떤 상태/동작이 계속되는 시간. (静的)

留守のあいだ、どろぼうが入った。(외출사이에 도둑이 들었다)

4時から5時までの間に電話下さい。(4시부터 5시 사이에 전화주세요)

「～うちに」: ～어떤 상태/동작이 계속되는 동안. (動的)

暇なうちに、宿題をしておく。(한가할 때 숙제를 해둔다)

忘れないうちに、メモを取っておく。(잊기 전에 메모해둔다)

雨が降らないうちに、出かけよう。(비가 오기 전에 외출하자)

若いうちに、世界一周したい。(젊었을 때 세계일주하고 싶다)

「~最中(さいちゅう)に」: ~행위/현상이 한창 진행 중일 때

授業をしている最中に非常ベルが鳴り出した。

(한창 수업을 하고 있는데 비상벨이 울렸다)

11-2. 두 가지가 동시발생, 직후발생

「~かと{思うと/思ったら}」: 두개의 대비적 사태가 동시에 계속해서 발생.

娘は家に帰ったかと思うと、すぐまた出かけた。(딸은 집에 돌아오자마자 바로 또 나갔다)

さっきまで泣いていたかと思ったら、もう笑っている。

(방금까지 울고 있다고 생각했는데 벌써 웃고 있다)

やっと仕事を見つけたかと思ったら、もう辞めてしまった。

(겨우 일을 찾았다고 생각했는데 벌써 그만둬버렸다)

「~か~ないかのうちに」: 불명확하고 미묘한 단계가 동시에 발생.

ベルが鳴るか鳴らないかのうちに、学生が教室から出てきた。

(벨이 울리자마자 학생이 교실에서 나왔다)

一つ目のケーキを食べたか食べないかのうちに、すぐまた次を食べ始めた。

(하나의 케익을 먹자마자 바로 또 다음 것을 먹기 시작했다)

「~たとたん」: ~를 계기로 예상외의 일이 발생.

ドアを開けたとたん、犬が飛び込んできた。(문을 열자 개가 뛰어 들어왔다)

注射をしたとたん、患者のけいれんは収まった。

(주사를 처방하자 환자의 경련은 진정되었다)

「~しだい」: ~하면 바로 의지적 행동한다.

お金が入りしだい、送金する。(돈이 들어오는 대로 송금한다)

準備が出来しだい、ご案内する。(준비가 되는대로 안내한다)

11-3. 시간적 전후관계

「～る前に」: ～하기 전에, 「～てから」: ～하고나서, 「～た後」: ～한 후에

食べる前に手を洗う。(먹기 전에 손을 씻는다)

お酒を飲んでからご飯を食べる。(술을 마시고나서 밥을 먹는다)

ビールを飲んだ後焼酎を飲む。(맥주를 마신 후에 소주를 마신다)

「～てからは」「～て以来」: ～를 계기로 ～를 한다.

引っ越ししてからは、毎日公園を散歩している。

(이사하고부터는 매일 공원을 산책하고 있다)

インドから帰ってきて以来、彼はまるで人が変わったようだ。

(인도에서 돌아온 이후 그는 마치 사람이 변한 모양이다)

「～てはじめて」: ～를 경험한 결과 ～를 새롭게 인식하게 됨.

病気になってはじめて健康のありがたさがわかる。

(병에 걸려서 비로서 건강의 고마움을 안다)

国を離れてはじめて国を客観的に見ることができた。

(조국을 떠나 비로서 조국을 객관적으로 볼 수가 있었다)

「～た上で」: ～행동을 한 후에 다음 행동을 한다.

準備運動をした上で、走ろう。(준비운동을 한 후에 달리자)

よく考えた上で決めてください。(잘 생각한 후에 결정해 주세요)

「～てからでないと」「～てからでなければ」: 실현하는데 꼭 필요한 조건.

この仕事が終わってからでないと帰れない。(이일이 끝나지 않으면 돌아갈 수 없다)

入り口でお金を払ってからでなければ中には入れない。

(입구에서 돈을 지불하지 않으면 안에 들어갈 수 없다)

「～に先立って」: ～개시 전에 해둬야 할 준비사항을 나타낸다.

試験開始にさきだって、注意事項を説明する。(시험개시에 앞서서 주의사항을 설명한다)

新しく店をオープンするに先立って、銀行からお金を借りた。

(새 가게를 오픈하기에 앞서서 은행에서 돈을 빌렸다)

12. 가정, 역접을 나타내는 표현

12-1. 가정 조건표현

「~と{すると/すれば/したら}」: 가정상의 조건설정을 행할 때 사용.

責任があるとすれば、あの方です。(책임이 있다면 그분입니다)

動物を飼うとすると、何がいいか。(동물을 기른다면 뭐가 좋을까)

家を建てるとしたら、大きい家がいい。(집을 짓는다면 큰집이 좋다)

「~ないことには」: A가 실현되지 않으면 B도 실현불가능할 때 사용.

彼が来ないことには出発できない。(그가 오지 않으면 출발할 수 없다)

両方の意見を聞いてみないことには、どちらが悪いかは言えない。

(양쪽 의견을 들어보지 않으면 어느 쪽이 나쁜지 말할 수 없다)

「~ものなら」: 실현 가능성이 희박할 때 사용.

出来るものなら、20代に戻りたい。(가능하면 20대로 돌아가고 싶다)

もし願いがかなうものなら、お金持ちになりたい。

(만약 소원이 이루어진다면 부자가 되고 싶다)

「~(よ)うものなら」: ~하면 심각한 결과가 초래된다. 즉 과장된 조건을 표현

そんなことを彼女に言おうものなら、バカにされるだろう。

(그런 것을 그녀에게 말한다면 바보취급 당할 것이다)

今度の試験に失敗でもしようものなら、私の人生は終わるだろう。

(이번 시험에 실패라도 하면 내 인생은 끝날 것이다)

「~限り(かぎ)」: ~조건이 성립하는 동안 ~상태가 지속됨. 조건범위를 표현할 때 사용.

練習しない限り、うまくならない。(연습하지 않는 한 잘하지 못한다)

プロである限り、負けるわけにはいかない。(프로인 이상 질 수는 없다)

12-2. 역접 조건표현

「～ても」「～でも」: 역접조건에 사용.

雪が降っても出発します。(눈이 와도 출발합니다)

この本、2回読んでもわからない。(이 책 두 번 읽어도 모른다)

「～としても」: ～예상/기대에 반한다는 표현에 사용.

タクシーで行くとしても、間に合わない。(택시로 가도 늦는다)

家族が反対するとしても、私は彼女と結婚します。

(가족이 반대한다 해도 저는 그녀와 결혼합니다)

「～ようとしても～ない」: ～하려고 노력해도 성립하지 않을 때 사용.

窓を閉めようとしても、閉まらない。

(창문을 닫으려 해도 안 닫힌다)

テレビをつけようとしても、つきません。

(TV를 켜려고 해도 켜지지 않습니다)

荷物を入れようとしても、入りません。

(짐을 넣으려고 해도 들어가지 않습니다)

「～にしても」「～にしろ」「～にせよ」: [～해도 ～는 아니다] 의미로 사용.

ストレスがあるにしても、そんなにお酒を飲んではだめだ。

(스트레스가 있다 해도 그렇게 술을 마시면 안 된다)

妻にしろ、私の気持ちを分からない。(아내라 해도 내 기분을 모른다)

来ないにせよ、連絡はしてほしい。(안 오더라도 연락은 했으면 한다)

「～(よ)うと」「～(よ)うが」: ～와 상관없이 ～를 행할 때 사용.

どんな天気だろうと、歩いて行く。(어떤 날씨든 걸어서 간다)

彼が何をしようが、私には関係ない。(그가 무엇을 하든 나에게는 상관없다)

「～たところで」: ～해도 기대할 수 없을 때 사용.

今から急いだところで、無駄だ。(지금부터 서둘러도 소용없다)

どんなに丁寧に説明したところで、彼はわかってくれないだろう。

(아무리 공손히 설명해도 그는 알아주지 않을 것이다)

「〜といっても」: 실제로는 **정도가 덜하다**는 표현으로 사용.

車といっても中古で安いものだ。(차라해도 중고로 싼 것이다)

入院するといっても二日だけだ。(입원한다 해도 이틀뿐이다)

旅行といっても日帰り旅行だ。(여행이라 해도 하루여행이다)

国へ帰るといっても、ただ一週間だけだ。

(고국에 돌아간다 해도 단지 일주일뿐이다)

「〜からといって」: 〜이유만으로 성립하지 않을 때 사용.

休日だからといって休んではいられない。

(휴일이라 해서 쉬고 있을 수 없다)

暑いからといって冷たい物ばかり食べるのはよくない。

(덥다고 해서 차가운 것만 먹는 것은 좋지 않다)

「〜にもかかわらず」: [〜임에도 불구하고 〜한다] 의미로 사용.

熱があるにもかかわらず、仕事に行った。

(열이 있는데도 불구하고 일하러갔다)

値段を下げたにもかかわらず、あまり売れない。

(가격을 내렸는데도 그다지 팔리지 않는다)

「〜ながら」: 고풍스런 역접으로 사용.

知っていながら教えてくれない。(알고 있으면서 알려주지 않는다)

残念ながら旅行に行けません。(유감이지만 여행갈 수 없습니다)

「〜(とはいう)ものの」: 일반적으로 추측/예상에 반할 때 사용.

春はもうすぐだとはいうものの、風はまだ冷たい。

(봄은 이제 바로라는데 바람은 아직 차갑다)

デジカメをもらったものの、使い方がよく分からなくて困っている。

(디지털카메라를 받았는데 사용법을 잘 몰라 난처하다)

13. 이유, 근거, 변화을 나타내는 표현

13-1. 이유내용를 나타낼 때

「~ため(に)」: 일반적인 원인/이유에 사용.

暑さのために動物が死んだ。(더위 때문에 동물이 죽었다)

事故のため、バスが遅れた。(사고 때문에 버스가 늦었다)

「~もので」「~ものだから」: 개인적인 이유/변명에 사용.

急に雨が降り出したもので、タクシーで来ました。

(갑자기 비가 내려서 택시로 왔습니다)

英語が下手なものだから、うまく発表できなかった。

(영어가 서툴러서 잘 발표할 수 없었다)

「~あまり」: 극단적인 결과를 초래할 때 사용.

忙しさのあまり、約束を忘れた。(바쁜 나머지 약속을 잊었다)

お腹がすいたあまり、授業中にパンを食べてしまった。

(배가 고픈 나머지 수업 중에 빵을 먹어버렸다)

「~だけに」: 당연한 결과를 초래할 때 사용.

このマンションは家賃が高いだけに、設備がとてもいい。

(이 아파트는 집세가 비싼 만큼 시설이 매우 좋다)

彼らは若いだけに、徹夜をしても平気なようだ。

(그들은 젊은 만큼 철야를 해도 문제없는 모양이다)

13-2. 판단의 근거를 나타낼 때

「~ことだし」: 결정/희망 등의 이유나 근거를 말할 때 사용.

もう時間も遅いことだし、今夜はここで泊まることにしよう。

(이제 시간도 늦었으니까 오늘밤은 여기서 자기로 하자)

子供が生れることだし、もっと広い家に引っ越ししたい。

(아이가 태어나니까 더 넓은 집에 이사 가고 싶다)

「〜ばかりに」: 〜탓에 나쁜 결과 초래할 때 사용.

「〜たいばかりに」: [〜하고 싶은 일념으로] 의미로 사용.

ケータイを忘れたばかりに、みんなに迷惑をかけてしまった。

(휴대폰을 잃어버린 탓에 모두에게 민폐를 끼쳐버렸다)

彼の言葉を信じたばかりにひどいめにあった。

(그의 말을 믿은 탓에 호되게 당했다)

彼女に会いたいばかりに、こんなに遠くまでやって来た。

(그녀를 만나고 싶은 일념으로 이렇게 멀리까지 왔다)

いい会社に入りたいばかりに、面接でうそを言う人もいる。

(좋은 회사에 들어가고픈 나머지 면접에서 거짓말하는 사람도 있다)

「〜からには」「〜以上(いじょう)」「〜上(うえ)は」: 話者의 결의/판단/권유 등을 말할 때 사용.

約束したからには守るべきだ。(약속했으면 지켜야 한다)

やると決めた以上、がんばる。(한다고 결정한 이상 분발한다)

オリンピック選手に選ばれた上は、ぜひメダルを持って帰りたい。

(올림픽선수로 뽑힌 이상, 꼭 메달을 가지고 돌아가고 싶다)

「〜ところをみると」: 추량/판단의 근거를 말할 때 사용.

この頃毎日遅刻するところを見ると、何か問題があるのかも知れない。

(요즘 매일 지각하는걸 보니 뭔가 문제가 있을지도 모른다)

嬉しそうな顔をしているところを見ると、何かいいことがあったのだろう。

(기쁜 듯한 얼굴을 보니 무언가 좋은 일이 있었을 것이다)

13-3. 상관관계의 변화를 나타낼 때

「〜ば〜ほど」: 〜에 비례해서 변화한다는 것을 말할 때 사용.

食べれば食べるほど太る。(먹으면 먹을수록 살찐다)

返事は早ければ早いほどいい。(대답은 빠르면 빠를수록 좋다)

「～につれて」「～に従って」: 대략적인 비례관계를 말할 때 사용.

秋が深まるにつれて、木の葉が赤くなる。

(가을이 깊어짐에 따라 나뭇잎이 빨게 진다)

成長するにつれて、娘は無口になってきた。

(성장해 감에 따라 딸은 말이 없어져 갔다)

上昇するにしたがって、気圧が下がる。

(상승함에 따라 기압이 내려간다)

「～にともなって」: 규모가 큰 변화를 말할 때 사용.

自動化に伴って職を失う人が増えるだろう。

(자동화에 따라 일자리를 잃는 사람이 늘어날 것이다)

この町も都市化に伴って交通量が増えた。

(이 마을도 도시화에 따라 교통량이 늘었다)

年を取るにともなって、体力がなくなる。

(나이 먹음에 따라 체력이 없어진다)

仕事が忙しくなるにともなって、ストレスが増える。

(일이 바빠짐에 따라 스트레스가 증가한다)

「～とともに」: 변화의 내용을 말하고 싶을 때 사용.

年を取るとともに、記憶力が衰えてきた。

(나이를 먹음에 따라 기억력이 쇠퇴해 졌다)

台風が近付くとともに、雨も風も強くなってきた。

(태풍이 접근함에 따라 비도 바람도 강해졌다)

13-4. 원인과 이유/결과를 나타낼 때

「～のは～ことだ」: [～한 것은(원인) ～이다(이유)] 의미로 사용.

日本の生活で困ったのは、物価が高かったことだ。

(일본생활에서 곤란했던 것은 물가가 비쌌다는 것이다)

今一番楽しいのは、友達と旅行することです。

(지금 가장 즐거운 것은 친구와 여행하는 것입니다)

地震が起きた時、一番大切なのはあわてないことだ。

(지진이 일어났을 때 가장 중요한 것은 당황하지 않는 것이다)

「~ため(に) ~する/した」: [~ 때문에(원인) ~한다/했다(결과)] 의미로 사용.

事故のため、電車が止まった。(사고 때문에 전차가 멈췄다)

病気になったため、会社をやめた。(병에 걸려서 회사를 그만뒀다)

体調が悪いため、学校を休んだ。(몸상태가 나빠서 학교를 쉬었다)

レポートを提出しなかったために、単位が取れなかった。

(리포트를 제출하지 않았기 때문에 학점을 딸 수 없었다)

▼「~ため(に) ~する/した」: [~하기 위해(목적) ~한다/했다] 의미로 사용.

家族のために、一生懸命働いている。

(가족을 위해서 열심히 일하고 있다)

健康のため、出来るだけ歩くようにしている。

(건강을 위해서 가능한 한 걸으려고 하고 있다)

結婚するため、お金をためなければならない。

(결혼하기 위해 돈을 모으지 않으면 안 된다)

14. 복합동사표현과 복합어표현

14-1. 복합동사표현 :「V1(ます形) +V2」

복합동사는 2개의 동사(V1+V2)가 결합해, 하나의 동사가 된 것을 말하는데, 의미적으로 4가지 패턴이 있다.

- V1과 V2가 계기적으로 일어나, V1이 V2의 수단/양식을 나타낸다.
  殴り倒す　飛び降りる　押し込める　呼び集める
- **V1**이 중심적인 의미, V2가 위치나 시간적의미를 나타낸다.
  走り回る　駆け上がる　走りはじめる　食べきる　降りだす
- **V2**가 중심적인 의미, V1은 의미를 강조하는 역할을 한다.
  差し出す　突っ返す　打ち捨てる
- V1과 V2가 의미와는 관계없이, 새로운 의미를 파생한다.
  飛び出す　(仲を) 取り持つ　(話を) 切り出す

(1) 국면(**Aspect**) 을 나타내는 복합동사

1) 동작의 **開始**를 나타내는 것

「ます形+**はじめる**」: 일반적인 개시를 나타낼 때 사용.

雨が降りはじめた。(비가 내리기 시작했다)

ちらほらと桜が咲きはじめた。(드문드문 벚꽃이 피기 시작했다)

風邪をひく人が増えはじめた。(감기 걸리는 사람이 늘기 시작했다)

「ます形+**だす**」: **갑작스런** 동작/사태가 발생할 때 사용.

雪が降りだした。(눈이 오기 시작했다)

思わず笑いだしてしまった。(무심결에 웃어버리고 말았다)

「ます形+**かける**」: 동작을 시작했지만 아직 **도중단계**일때 사용

やりかけたことがあります。(하기 시작한 일이 있습니다)

読みかけた小説がおもしろい。(읽기 시작한 소설이 재미있다)

ちょっと歩きかけたが、忘れ物を思い出して家に戻った。

(조금 걷기 시작했는데, 잊은 물건이 생각나 집에 돌아왔다)

★ 참고(의미상의 차이)

雨が降りはじめた。; 어느 정도 예상한 결과

雨が降りだした。; 갑자기 발생한 경우

雨が降りかけた。; 아침에 비가 왔는데, 잠시 쉬었다 다시 비가 온 경우

2) 동작의 **継続**을 나타내는 것

「ます形+**つづける**」: 타동사에 연결, [동작을 계속하다] 의미로 사용.

一日中歩きつづけた。(하루 종일 계속 걸었다)

20年間日記を書きつづける。(20년간 일기를 계속 쓴다)

父は85歳まで働きつづけた。(아빠는 85세까지 계속 일했다)

「ます形+**つづく**」: 자동사에 연결, [～상태가 지속되다] 의미로 사용.

雨が降りつづいている。(비가 계속 내리고 있다)

雷が鳴りつづいた。(천둥이 계속 울렸다)

「ます形+**とおす**」: 상태를 최후까지 유지할 때 사용.

仕事をやりとおす。(일을 끝까지 해낸다)

私は最後まで黙りとおした。(나는 최후까지 침묵을 지켰다)

彼は35年間がんばりとおして今の会社を作った。

(그는 35년간 고분분투해서 지금의 회사를 만들었다)

3) 동작의 **終了**을 나타내는 것

「ます形+**つくす**」: [하고 싶은 것을 다 ～해버리다] 의미로 사용.

息子はパンを食べつくした。(아들은 빵을 다 먹어버렸다)

言いたいことを言いつくした。(말하고 싶은 것을 다 말했다)

「ます形+**ぬく**」: [후회없이 열심히 끝까지 ～하다] 의미로 사용.

世の中を生きぬいてきた。(세상을 잘 살아왔다)

一晩中考えぬいて出した結論だ。(밤새 생각한 끝에 내린 결론이다)

あきらめないで最後までやりぬこう。(포기하지 말고 끝까지 해 나가자)

「ます形＋**きる**」: [최선을 다해 마지막까지 ~하다. 충분히 ~하다] 의미로 사용.

その選手は力を出しきった。(그 선수는 힘을 다 썼다)

人が数えきれないほど多い。(사람이 셀 수 없을 만큼 많다)

彼は200メートルを泳ぎきった。(그는 200m를 끝까지 헤엄쳤다)

「ます形＋**あげる**」: 타동사에 연결, [하던 동작/행위를 마무리하다] 의미로 사용.

論文を書きあげた。(논문을 완성했다)

自分の作品を作りあげた。(자신의 작품을 만들어냈다)

彼は財産を築きあげた。(그는 재산을 구축했다)

警察が犯人を縛りあげた。(경찰이 범인을 꽁꽁 묶었다)

「ます形＋**あがる**」: 자동사에 연결, [마침내 ~하다] 의미로 사용.

料理ができあがった。(요리가 완성되었다)

国民が立ちあがった。(국민들이 들고 일어났다)

作っていた製品が仕あがった。(만들고 있던 제품이 완성되었다)

彼女が震えあがった。(그녀가 부들부들 떨었다)

「ます形＋**おえる**」: 타동사표현, [힘들게 마치다] 의미로 사용.

先生はやっと話しおえた。(선생님은 겨우 다 말씀하셨다)

大変なレポートを書きおえた。(힘들었던 리포트는 다썼다)

今日小説を3冊読みおえた。(오늘 소설을 3권 다 읽었다)

「ます形＋**おわる**」: 자동사표현, [동작/사태가 끝나다] 의미로 사용.

申請書を書きおわった。(신청서를 다 썼다)

子供が着替えおわった。(아이가 옷을 다 갈아입었다)

授業のベルが鳴りおわった。(수업종이 다 울렸다)

(2) **方向**을 나타내는 복합동사

1) **上方向**으로의 동작

「ます形＋**あげる**」: 타동사에 연결, [위로 올리다] 의미로 사용.

子供を抱きあげる。(아이를 안아 올리다)

ロケットを打ちあげた。(로켓을 쏘아 올렸다)

「ます形+**あがる**」: 자동사에 연결, 무의식적으로 올라가는 느낌에 사용.

喜んで子供が飛びあがった。(기뻐서 아이가 날아올랐다)

びっくりして猫が飛びあがった。(놀라서 고양이가 뛰어올랐다)

桜の花びらが舞いあがった。(벚꽃잎이 날아올라갔다)

2) **下方向**으로의 동작

「ます形+**おろす**」

荷物を積みおろす。(짐을 내려놓다)

彼が氣球を引きおろした。(그가 기구를 끌어내렸다)

「ます形+**おりる**」

鳥が舞いおりてきた。(새가 날아 내려왔다)

走る列車から飛びおりた。(달리는 열차에서 뛰어내렸다)

「ます形+**おとす**」

鳥を打ちおとした。(새를 쏴 떨어뜨렸다)

鶏が卵を産みおとした。(닭이 알을 낳았다)

「ます形+**おちる**」

水が流れおちている。(물이 흘러내리고 있다)

コップからビールがあふれおちた。(컵에서 맥주가 넘쳐흘렀다)

3) **外方向**으로의 동작

「ます形+**だす**」

水が流れだした。(물이 흘러 나왔다)

彼女が考えだした。(그녀가 생각해 냈다)

「ます形+**でる**」

水が流れでている。(물이 흘러나오고 있다)

涙があふれでた。(눈물이 흘러 나왔다)

4) **内方向**으로의 동작

「ます形+**こめる**」

我々は吹雪に閉じこめられた。(우리는 눈보라에 갇히었다)

船を港に封じこめた。(배를 항구에 가두었다)

「ます形+**こむ**」

書類に名前を書きこむ。(서류에 이름을 써넣는다)

部屋の中をのぞきこむ。(방안을 들여다본다)

暖かい日差しがさしこむ。(따뜻한 햇살이 들어온다)

「ます形+**いれる**」

よい制度を取りいれる。(좋은 제도를 받아들인다)

外国人を多く受けいれる。(외국인을 많이 수용한다)

(3) **動作의 方法**을 나타내는 복합동사

「ます形+**なおす**」: [고쳐 ~하다, 다시 ~하다] 의미로 사용.

論文を書きなおす。(논문을 고쳐쓴다)

失敗した仕事をやりなおす。(실패한 일을 다시하다)

もう一度考えなおす。(다시 한 번 재고한다)

「ます形+**なれる**」: [~에 익숙하다] 의미로 사용.

ここは見なれた場所だ。(여기는 익숙한 장소이다)

使いなれた万年筆である。(길들여진 만년필이다)

登山は履きなれたくつがいい。(등산은 편한 신발이 좋다)

「ます形+**あさる**」: [좋아하는 것을 적극적으로 ~하다] 의미로 사용.

恋愛小説を読みあさる。(연애소설을 찾아 읽는다)

きりんビールを飲みあさる。(기린맥주를 찾아마신다)

記念の切手を買いあさる。(기념우표를 사 모은다)

「ます形+**かえる**」: 상태변화, 동작의 대상변경에 사용.

子供らが静まりかえる。(아이들이 아주 조용해지다)

彼の話にあきれかえった。(그의 말에 기가 막혔다)

バスから電車に乗りかえる。(버스에서 전차로 갈아타다)

子供が服を着がえた。(아이가 옷을 갈아입었다)

「ます形+**かかる**」: [마침/우연히/갑자기 ~하다] 의미로 사용.

犬がいきなり飛びかかった。(개가 갑자기 덤벼들었다)

事故現場を通りかかる。(사고현장을 마침 지나간다)

ダチョウがおそいかかった。(갑자기 타조가 습격해 왔다)

(4) 대상관계를 나타내는 복합동사

「ます形+**あわせる**」: [서로 하나가 되게 맞추다] 의미로 사용.

紙をはりあわせる。(종이를 여러 장 붙이다)

原料を混ぜあわせた。(원재료를 서로 섞었다)

彼女と駅で待ちあわせる。(그녀와 역에서 서로 기다린다)

「ます形+**あう**」: [서로 ~하다] 의미로 사용.

近所の人が助けあう。(이웃사람들이 협력한다)

二人は実力を認めあった。(둘은 실력을 서로 인정했다)

試験問題について話しあう。(시험문제에 대해서 의논한다)

「ます形+**かける**」: [적극적으로 ~하다] 의미로 사용.

友達に話しかける。(친구에게 말을 건다)

農民によびかける。(농민에게 호소한다)

客がおおぜい押しかける。(손님이 많이 밀려온다)

「ます形+**つける**」: 의도적인 동작에 사용.

ポスターを張りつける。(포스터를 붙인다)

猫が魚をかぎつける。(고양이가 냄새로 생선을 찾아내다)

首にマフラーをまきつける。(목에 머플러를 친친 두른다)

私は仕事を見つけた。(나는 일자리를 발견했다)

「ます形+**つく**」: 결과상태에 사용.

蛇が獲物にまきついた。(뱀이 먹잇감에 감겨 붙었다)

母親に張りついている。(엄마에게 착 붙어 있다)

Aの事件はBの事件とも結びついている。(A사건은 B사건과도 연결돼 있다)

(5) **動作**의 **强度**를 나타내는 복합동사

「ます形+**こむ**」: [철저히 ~하다] 의미로 사용.

ご飯を押しこむ。(밥을 쑤셔 넣다)

彼女を信じこんだ。(그녀를 너무 믿어버렸다)

間違いないと思いこんでしまった。(틀림없다고 믿어버렸다)

新しいプランを打ちだすために考えこんでいる。

(새로운 플랜을 내세우기 위해 고민하고 있다)

「ます形+**すぎる**」: [지나치게 ~하다] 의미로 사용.

昼ご飯を食べすぎた。(점심을 너무 먹었다)

さっきは少し言いすぎた。(아까는 조금 말이 지나쳤다)

ここから駅までは遠すぎる。(여기서 역까지는 너무 멀다)

「ます形+**まわす**」: [반복해서 많이 ~하다] 의미로 사용.

あたりを見まわす。(주위를 둘러본다)

女の尻を追いまわした。(여자꽁무니를 쫓아다녔다)

仕事に追いまわされた。(일에 혹사당했다)

お気に入りの服を着まわす。(마음에 드는 옷을 쭉입다)

「ます形+**まわる**」: [체크/확인하며 돌아다니다] 의미로 사용.

一日中歩きまわる。(하루 종일 걸어돌아다니다)

夜の町を見まわる。(밤거리를 돌아다니다)

息子のことを触れまわる。(아들자랑을 하며 돌아다니다)

忘れ物を探しまわった。(잃어버린 물건을 찾아 돌아다녔다)

「ます形+**つける**」: [심하게 ~하다] 의미로 사용.

彼の要求をはねつける。(그의 요구를 딱 잘라 거절하다)

名前をよびつけてしかった。(이름을 호명해서 꾸짖었다)

弱点をついて相手を痛めつける。(약점을 들어 상대방을 혼내주다)

小言は聞きつけている。(잔소리는 노상듣고 있다)

有名人が来ると聞きつけて来た。(유명인사가 온다고 들어서 왔다)

(6) **動作**과 그 **結果**를 나타내는 복합동사

「ます形+**とる**」: [~동작으로 알게 되다] 의미로 사용.

学問を学びとる。(학문을 쟁취하다)

意気込みが感じとられる。(패기/기세를 느낄 수 있다)

英語を聞きとることができない。(영어를 알아들을 수 없다)

人の心を読みとることができない。(사람의 마음을 헤아릴 수 없다)

「ます形+**ころす**」: [~동작으로 죽이다/참다] 의미로 사용.

棒で犬を打ちころす。(몽둥이로 개를 타살하다)

家で動物をなぐりころす。(집에서 동물을 때려죽이다)

公園で人をさしころす。(공원에서 사람을 찔러죽이다)

笑いを押しころす。(웃음을 눌러 참다)

泣きたい気持ちを押しころした。(울고 싶은 기분을 눌러 참았다)

「ます形+**たおす**」: [~동작으로 쓰러뜨리다/떼어 먹다] 의미로 사용.

敵を打ちたおす。(적을 때려눕히다)

犯人をなぐりたおす。(범인을 때려잡다)

気に入った服を着たおした。(마음에든 옷을 끝까지 입다)

家賃を踏みたおす。(집세를 떼어먹다)

おつり1000円を踏みたおされた。(거스름돈 1000엔을 떼어 먹혀 버렸다)

(7) **可能**과 **不可能**을 나타내는 복합동사

「ます形+**得る(うる/える)**」: 가능

取りたい物があり得るか。(갖고 싶은 것이 있을까?)

考え得る方法は皆やってみた。(생각할 수 있는 방법은 모두 해봤다)

そんな事故が起り得るだろうか。(그런 사고가 일어날 수 있는 것일까?)

「ます形+**かねる / 得ない**」: 불가능

お引き受け致しかねます。(떠맡기 곤란합니다/ 인수할 수 없습니다)

納得しかねる話です。(납득할 수 없는 이야기입니다)

あり得ないことが起ってしまった。(있을 수 없는 일이 일어나 버렸다)

14-2. 복합어표현 : 「명사/형용사어간/ます形＋접미어」

상황이나 경향의 의미를 한층 더해 주는 의미를 가진다.

「ます形＋っぱなし」: 어떤 상황을 방치하거나, 같은 상태가 지속될 때

ドアを開けっぱなしにしないでください。(문을 연채로 놔두지 마세요)

ストーブをつけっぱなしで外出した。(난로를 켜둔 채로 외출했다)

A選手はこの頃ずっと負けっぱなしだ。(A선수는 요즘 계속 진다)

教室で1時間立ちっぱなしだった。(교실에서 1시간 계속 서 있었다)

「名詞＋だらけ」: 부정적인 요소가 많이 있는 상태/모습

彼女は借金だらけだ。(그녀는 빚 투성이다)

子供が泥だらけになって遊んだ。(아이가 흙투성이가 되어 놀았다)

アルバムがほこりだらけになっている。(앨범이 먼지투성이가 되어 있다)

「名詞/ます形＋っぽい」: 어떠한 경향/성질이 있을 때

彼女は子供っぽいですね。(그녀는 어린애 같네요)

この頃忘れっぽくなってしまった。(요즘 잘 잊어버리게 되었다)

私は男っぽい服の方が好きだ。(나는 남자다운 옷을 좋아한다)

「形容詞語幹＋め」: 조금 정도를 나타낼 때

早めに準備したほうがいい。(일찍 준비하는 게 좋다)

これより大きめの物はありませんか。(이것보다 큰 것은 없나요)

台所が広めで使いやすい。(부엌이 넓어서 사용하기 쉽다)

血圧が高めの人は気をつけましょう。(혈압이 높은 사람은 주의합시다)

第5章　부사 · 접속사 · 감동사의 표현방법

第5章 부사・접속사・감동사의 표현방법

1. 부사의 표현방법

부사는 술어의 특별한 진술방식을 수식하기 때문에, 文의 끝부분과 호응한다.

1-1. 부정표현과 함께 사용하는 부사

「あまり　なかなか　ぜんぜん　少しも　全く(まった)　絶対に(ぜったい)　さっぱり　ちっとも
とうてい　けっして　一度(いちど)も　何(なに)も　それほど　そんなに　たいして　めったに」

今日はあまり暑く**ない**ですね。(오늘은 그다지 안 덥네요)

なかなか電車が来**ません**ね。(좀처럼 전차가 오지 않네요)

中国語はぜんぜん分かり**ません**。(중국어는 전혀 모릅니다)

この文章は少しも読め**ない**。(이 문장은 조금도 읽을 수 없다)

この頃全く暇が**ない**んだ。(요즘 전혀 내시간이 없다)

絶対にゆるす**な**。(절대로 용서하지 말거라)

彼女はさっぱり学校へ行か**ない**。(그녀는 전혀 학교에 안 간다)

その話はちっとも面白く**ない**。(그 얘기는 조금도 재미없다)

ソウル大はとうてい**無理だ**よ。(서울대는 도저히 무리예요)

もうけっして悪いことはし**ません**。(이제 결코 나쁜 짓은 안합니다)

一度もゴルフをしたことが**ない**。(한 번도 골프를 친 적이 없다)

怪我したところは何も痛く**ない**。(다친 곳은 전연 아프지 않다)

それほど痛く**ない**ですよ。(그다지 아프지 않아요)

彼女はそんなに美人では**ない**。(그녀는 그렇게 미인은 아니다)

生魚はたいして好きでは**ない**。(날 생선은 별로 좋아하지 않는다)

こんな機会はめったに**ない**。(이런 기회는 좀처럼 없다)

▼ 부정의 추측표현과 함께 사용하는 부사 : 「まさか　とても　よもや」

まさか君は言う**まい**。(설마 자네는 말하지 않을 것이다)

まさか今日は雪が降ら**ないだろう**。(설마 오늘은 눈이 오지 않겠지)

こんな大きな石は、とても一人では運べ**ないでしょう**。

(이런 큰 돌은 도저히 혼자서는 운반할 수 없을 것이다)

よもや約束を忘れちゃい**ないだろう**。(설마 약속을 잊어버린 건 아니겠지)

1-2. 과거표현과 함께 사용하는 부사

「かつて　さっき　さきほど　たった今(いま)　このあいだ」

彼はかつて強打者**だった**。(그는 예전에 강타자였다)

真由美さんはさっき帰り**ました**。(마유미씨는 아까 귀가했습니다)

先ほどは大変失礼いたし**ました**。(아까는 대단히 실례했습니다)

電車はたった今出てしまっ**た**。(전차는 방금 출발해 버렸다)

このあいだ釜山で恩師に会っ**た**。(일전에 부산에서 은사님을 만났다)

▼ 가까운 과거 → 현재표현과 함께 사용하는 부사 : 「最近(さいきん)　この頃(ごろ)」

最近少しやせ**ました**。(최근 조금 살 빠졌습니다)

課長はこの頃よく遅刻し**ます**ね。(과장님은 요즘 자주 지각하시네요)

▼ 완료표현과 함께 사용하는 부사 : 「もう　すでに　とっくに」

息子はもう大学を卒業し**た**。(아들은 이미 대학을 졸업했다)

その問題点はすでに解決し**た**。(그 문제점은 이미 해결했다)

講演会はとっくに終わっ**ていた**。(강연회는 벌써 끝났다)

1-3. 미래표현과 함께 사용하는 부사

「まもなく　もうすぐ　これから　のちほど　そろそろ　そのうち　いずれ　いつか」

まもなく3番線に電車が参り**ます**。(곧 3번 홈에 전차가 옵니다)

もうすぐ授業が始まる。(이제 곧 수업이 시작된다)

これから出かける**ところだ**。(이제부터 나가려던 참이다)

のちほどうかが**います**。(잠시 후 방문하겠습니다)

そろそろ行き**ましょう**か。(슬슬 갈까요)

そのうちまたうかが**います**。(조만간 또 찾아뵙겠습니다)

いずれどこかで一杯や**りましょう**。(조만간 어디에서 한잔합시다)

また、いつか来**て**ね。(또 언젠가 오세요)

1-4. 추량/추측표현과 함께 사용하는 부사

「きっと　必ず　たぶん　おそらく　まさか　どうも　どうやら　あるいは
もしか{したら/すると}　ひょっと{したら/すると}」

彼女はきっと来る**と思います**。(그녀는 반드시 온다고 생각합니다)

かならず明日は雨が降る**とのことだ**。(내일은 반드시 비가 온다고 한다)

たぶん/おそらく明日は雨が降る**だろう/でしょう**。(아마도 내일은 비가 올 것이다/오겠지)

これはまさか嘘じゃない**でしょう**。(이것은 설마 거짓이 아니겠죠)

どうやら明日は雨が降り**そうだ**。(어쩐지 내일은 비가 올 것 같다)

どうも今日は雨が降る**らしい**。(아무래도 오늘은 비가 올 듯하다)

あるいは明日は雨が降る**かもしれない**。(혹시 내일은 비가 올지도 모른다)

もしかしたら/もしかするといい知らせがある**かも知れません**。
(어쩌면 좋은 소식이 있을지도 모른다)

ひょっとしたら/ひょっとすると彼女が明日来る**かもしれない**。
(어쩌면 그녀가 내일 올지도 모른다)

1-5. 조건표현과 함께 사용하는 부사

(1)「もし　もしも　仮(かり)に　万一(まんいち)」: 가정조건으로 쓰인다.

もし雨**なら**運動会は中止だ。(만약 비라면 운동회는 중지다)

娘にもしものことがあっ**たら**どうしよう。(딸에게 무슨 일이 있으면 어쩌지)

かりに戦争が起きた**としても**。(가령 전쟁이 일어났다 해도)

万一電気が止まっ**たら**どうしようか。(만일 전기가 끊어지면 어찌할까)

(2)「どんなに　たとえ　いくら　かりに　万一」: 역접조건으로 쓰인다.

どんなに安くても買わない。(아무리 싸도 안 산다)

たとえ大地震が来たとしても。(비록 대지진이 왔다 해도)

いくら子供でも悪いことは知っている。(비록 아이라도 나쁜 것은 알고 있다)

仮に親が反対するとしても結婚する。(가령 부모가 반대한다 해도 결혼한다)

万一電車が止まっても、タクシーで行けばいい。(만일 전차가 멈추워도 택시로 가면 된다)

1-6. 국면(aspect) 표현과 함께 사용하는 부사

문말에「~ている」「~てくる」「~ておく」등을 수반한다.

(1) 사태의 발생, 계속/전개를 나타내는 것

「すでに　しだいに　ますます　まもなく　しばらく　ずっと　あらかじめ」

もうすでに十分反省している。(이미 벌써 충분히 반성하고 있다)

病気はしだいに回復してきた。(병은 점차 회복되어 왔다)

風がますます激しくなってきた。(바람이 점차 심해져 왔다)

この電車はまもなく出発します。(이 전차는 바로 출발합니다)

ここでしばらく待っています。(여기서 잠시 기다리고 있습니다)

昨夜からずっと雨が降っている。(어제 밤부터 계속 비가 온다)

発表者にあらかじめ言っておく。(발표자에게 미리 말해둔다)

(2) 사태가 발생하는 빈도를 나타내는 것

「いつも　きまって　つねに　たえず　たびたび　ときどき　たまに」

彼はいつもそう言っています。(그는 언제나 그렇게 말합니다)

夕方になると決まって雨が降る。(저녁때가 되면 거의 비가 온다)

彼女はつねに絵を描いている。(그녀는 늘 그림을 그리고 있다)

親は子供の幸福をたえず考えている。(부모는 자식의 행복을 늘 생각한다)

酒を飲むなとたびたび注意している。(금주하라고 자주 주의한다)

会社の帰りに時々一杯やります。(퇴근 후에 가끔 한잔 합니다)

留学生時の仲間とたまに会う。(유학생시절의 동료와 이따금 만난다)

1-7. 희망/의뢰/의지표현과 함께 사용하는 부사

「どうか　どうぞ　なにとぞ　なるべく　ぜひ　せめて　ぜひとも　くれぐれも」

どうかおすわり**ください**。(부디 앉아 주세요)

どうぞ食べて**ちょうだい**。(어서 드세요)

なにとぞお許し**ください**。(제발 용서해 주세요)

なるべく本を読むようにし**なさい**。(가능한 책을 읽도록 하세요)

ぜひ日本語を教え**てほしい**。(꼭 일본어를 가르쳐 주었으면 한다)

せめて彼女の声だけでも聞き**たい**。(적어도 그녀 목소리라도 듣고 싶다)

優勝するためにぜひとも今日勝っ**ていただきたい**。

(우승하기 위해서 반드시 오늘 이겼으면 한다)

くれぐれもお体を大切にし**てください**。(부디 몸을 소중히 해 주세요)

▼ 희망선택표현부사 : 「むしろ　いっそ　どちらかといえば　何(なん)とかして」

休みの日はむしろ家でゆっくりし**たい**。(휴일은 오히려 집에서 쉬고 싶다)

治療で苦しむのならいっそ楽になり**たい**。(치료로 고생하느니 차라리 죽고 싶다)

どちらかといえば田舎に住み**たい**。(어느 쪽이냐 하면 시골에 살고 싶다)

今年は何とかして就職し**たい**。(올해는 어쨌든 취직하고 싶다)

1-8. 비유/양태표현과 함께 사용하는 부사

「まるで　まさに　ちょうど　さも　いかにも」

日ざしがまるで春の**ようだ**。(햇살이 마냥 봄과 같다)

まさに私が探していた車**みたいだ**。(정말 내가 찾고 있었던 차 같다)

ちょうど台風の**ような**風だった。(마치 태풍과 같은 바람이었다)

彼女はさも悲し**そうに**話した。(그녀는 정말 슬픈 듯이 얘기했다)

彼の態度はいかにも男**らしかった**。(그의 태도는 과연 남자다웠다)

1-9. 의문/反語/감탄의식표현과 함께 사용하는 부사

「なぜ　どうして　はたして」

なぜ彼女は来ない**のか**。(왜 그녀는 안 오는 걸까)

彼の話ははたして正しい**だろうか**。(그의 말은 과연 맞는 걸까)

どうしてこんな事故が起こった**のだ**。(어째서 이런 사고가 일어난 거야)

1-10. 단정이나 강한 의지표현과 함께 사용하는 부사

「必ず(かならず)　きっと　絶対に(ぜったいに)」

彼は必ず成功する**はずだ**。(그는 반드시 성공할거다)

彼女はきっと来る**にちがいない**。(그녀는 꼭 옴에 틀림없다)

絶対に友人を裏切るような男**じゃない**。(절대로 친구를 배신하는 남자가 아니다)

1-11. 변화의 정도나 속도표현과 함께 사용하는 부사

「だんだん　どんどん　ますます　一段と(いちだんと)　すっかり　次第に(しだいに)　見る見るうちに　徐々に(じょじょに)」

だんだん寒**くなり**ます。(점차 추워집니다)

どんどん仕事を片付ける。(일을 척척 해치우다)

人口はますます増え**ていく**。(인구는 점점 늘어간다)

今日はまた一段とお美しい。(오늘은 한층 더 아름답다)

息子はすっかり大人**になった**。(아들은 어른이 다되었다)

病気は次第に回復し**てきた**。(병은 점차 회복되어 왔다)

火は見る見るうちに燃え広がった。(불은 순식간에 번졌다)

景気は徐々によ**くなる**でしょう。(경기는 서서히 좋아지겠지요)

2. 접속사의 표현방법

단어와 단어, 문절과 문절, 문장과 문장을 연결하는 역할을 하는 표현이다.

2-1. 추가, 첨가를 나타내는 것

(1) **「また　そして　それに　それから」**: 관련내용을 부가적으로 나열할 때 사용.
회화체에서 잊은 것을 추가할 때는 「それから」가 자연스럽고, 순차적인 행동은 「そして」「それから」가 자연스럽다.

彼は背が高い。またハンサムだ。(그는 키가 크다. 또 미남이다)

頭が痛い。それに熱もある。(머리가 아프다. 게다가 열도 있다)

彼女は美人だ。そして/それから/それにおしゃれだ。(그녀는 미인이다. 그리고 멋쟁이다)

牛肉と野菜を買ってきてください。あ、それから(?そして/?それに) ビールもよろしく。

(소고기와 야채를 사오세요. 아 그리고 맥주도 부탁해)

私は彼女と映画を見た。それから/そして(?それに) 食事に行った。

(나는 그녀와 영화를 보았다. 그리고 식사하러 갔다)

(2) **「しかも」「それどころか」**: 역접내용을 추가할 때 사용.

この店は美味しい。しかも安い。(이 가게는 맛있다. 더구나 싸다)

少しはやせた? それどころか、2キロ太ったよ。(조금 빠졌니? 그러기는커녕 2kg 쪘어요)

(3) **「その上(うえ)」「そればかりか」「おまけに」**: 다른 내용을 추가할 때 사용.

天気もよく、その上風も涼しい。 (날씨도 좋고 게다가 바람도 시원하다)

遅刻した。そればかりか宿題も忘れた。(지각했다 그뿐만이 아니라 숙제도 깜박했다)

彼はハンサムで頭もよく、おまけに大金持ちだ。

(그는 미남으로 머리도 좋고 게다가 큰 부자다)

※「しかも　そのうえ　さらに　おまけに」는 [~만이 아니라 ~도]의 의미로 강조적인 감정을 포함해 첨가할 경우에 사용된다.

2-2. 보충을 나타내는 것
:「なお　ただ　ただし　ちなみに　もっとも　といっても」

「なお」는 전건에 관련해서 비교적 중요한 정보를 보충할 경우에 사용.

「ただし」「ただ」는 전건에서 말한 것의 예외나 단서를 보충할 경우에 사용.

「ちなみに」는 참고가 되는 정보를 보충할 경우에 사용.

「もっとも」는 전건의 내용을 일부분 정정하거나 조건을 붙이는 경우에 사용.

発表は以上です。なお、質問があれば聞いてください。

(발표는 이상입니다. 그럼 질문이 있으면 말해 주세요)

セミナーは3階の304号室で行われます。なお、トイレは2階にあります。

(세미나는 3층304호실에서 열립니다. 또 화장실은 2층에 있습니다)

彼女はきれいだ。ただ、ちょっと性格がねえ。

(그녀는 예쁘다. 단지 성격이 좀)

入場料は五千円です。ただし、子供は半額です。

(입장료는 5천엔입니다. 다만 아이는 반액입니다)

新入生は123名だ。ちなみに、そのうち6割が女性だ。

(신입생은 123명이다. 참고로 그중 60%가 여성이다)

横浜は港町として有名だ。ちなみに横浜が港を開いたのは1859年である。

(横浜는 항구도시로 유명하다. 덧붙여 横浜가 항구를 연 것은 1859년이다)

明日から旅行に行きます。といっても二、三日の旅行ですが。

(내일부터 여행갑니다. 하긴 2,3일 여행이지만)

明日は初滑りだ。もっとも、雪があればの話だが。

(내일은 첫 활강이다. 하긴 눈이 있어야 하지만)

ビデオの作品を見た。といっても、せいぜい10分の短い作品だが。

(비디오작품을 보았다. 하긴 겨우 10분의 짧은 작품이지만)

2-3. 귀결을 나타내는 것

(1) 원인/이유와 귀결 :「だから　それで　そこで　したがって　そのため　その結果(けっか)」

「だから」는 원인/근거를 주관적으로 제시할 때 사용.

「それで」는 이유를 사실대로 말할 때 사용.

「そのため」는 좋지 않은 결과로 귀결될 때 사용.

「したがって」는 논리적인 결과를 객관적으로 말할 때 사용.

「その結果」는 원인에 귀결되는 사실만을 말할 경우에 사용.

「そこで」는 이미 행한 의지적 행위를 나타내는 표현에 한정되어 사용.

時間がありません。だから急いでください。(시간이 없습니다. 그러니까 서둘러주세요)

テレビをつけた。すると面白い番組をやっていた。

(TV를 켰다. 그러자 재미있는 프로를 하고 있었다)

来週から試験だ。それでしばらく遊べない。(다음 주부터 시험이다. 그래서 당분간 놀 수 없다)

今年の夏は涼しかった。そのため果物が昨年ほど甘くない。

(올 여름은 시원했다. 그 때문에 과일이 작년처럼 달지 않다)

酷く疲れた。そこで早く寝た。(몹시 피곤했다. 그래서 일찍 잤다)

好きな小説が映画になった。そこで私はすぐ見に行くことにした。

(좋아한 소설이 영화가 되었다. 그래서 나는 바로 보러가기로 했다)

この辺りは非常に交通の便がよい。したがって家賃が高い。

(이 주변은 교통편이 매우 좋다. 따라서 집세가 비싸다)

韓国はアメリカを破った。その結果、3勝1敗となった。

(한국은 미국을 이겼다. 그 결과 3승1패가 되었다)

「だから」는 후건에 사실은 물론 판단/명령/의뢰/의지표현 등이 가능하지만, 「それで」「そのため(に)」는 후건에 사실만을 표현할 수 있다.

体調が悪いんです。だから(×それで/×そのために) 早退させてください。

(몸이 안 좋습니다. 그러니까 조퇴시켜 주세요)

「だから」「それで」는 회화에서 상대의 발언을 받아서 사용할 수도 있다.

○ 상대방에게 이유를 듣고 납득한 경우

A：順子さんは五歳の時からピアノを習っているそうですよ。

(준코씨는 5세 때부터 피아노를 배우고 있다하네요)

B：なるほど。だから/それで、音感がいいのか。

(과연. 그래서 음감이 좋은 걸까)

○ 상대방에게 발언을 계속 재촉하는 경우

部下：今日は結婚記念日なんです。(오늘은 결혼기념일입니다)

上司：だから/それで。(그래서)

部下：早く帰らせてもらえないでしょうか。(빨리 귀가하면 안 될까요)

○ 자기주장을 재차 강조할 경우

子：お小遣い足りないんだ。あと3000円ちょうだい。

(용돈이 부족해요. 3000엔 더 주세요)

母：だから、今日はお金ないの。昨日も言ったでしょ。

(그러니까 오늘은 돈 없어. 어제도 말했지)

(2) 조건과 귀결 : **「すると　それなら　(それ)では　(それ)じゃ」**

「すると」는 전건이 계기가 되어 후건을 발견할 때 사용.

「それでは 」「それじゃ」「それなら」는 전건을 전제로 한 추론을 말할 때 사용.

회화체에서「それなら」는「そんなら」「だったら」로 사용되고,

「それでは」는「それじゃ」「では」「じゃ」로 사용된다.

ふと横を見た。すると、彼が立っていた。(문득 옆을 보았다. 그러자 그가 서 있었다)

窓を開けた。すると、遠くに雪山が見えた。(창문을 열었다. 그러자 멀리 설산이 보였다)

お金を入れた。すると、中から切符が出て来た。

(돈을 넣었다. 그러자 안에서 표가 나왔다)

よく分かった。それなら、君のいうとおりにしよう。

(잘 알았다. 그러면 자네말대로 하자)

A：週末、遊びに行かない? (주말에 놀러가지 않을래)

B：本当。そんなら/それじゃ準備しておこう。(정말. 그럼 준비해 둘게)

2-4. 역접을 나타내는 것 : 앞의 내용과 반대되는 내용을 이야기할 때 사용.

「しかし　(それ)でも　けれども　それなのに　ところが　それが　とはいえ」

「しかし」는 전건의 내용에 위배되어 예상과 반대될 때 사용.

「それでも」는 영향 받지 않을 때, 「でも」는 회화체에서 사용.

「けれども」는 상반/대비적인 사항을 말할 때, 상대방의 발언을 받아 사용가능.

「それなのに」「にもかかわらず」는 후건성립에 대한 놀람/불만을 나타냄.

「ところが」는 예상과 달리 뜻하지 않는 방향으로 의외적으로 전개될 때 사용.

화자가 예상외의 전개를 미리알고 연출한 뉘앙스도 있다.

「それが」는 기본적으로 상대방의 발언을 받아 사용하는 접속사이다.

みんなでがんばった。しかし、試合には負けた。

(모두가 노력했다. 그러나 시합에는 졌다)

車がほしい。でもお金がない。(차가 필요하다. 하지만 돈이 없다)

詳しい説明を聞いた。それでもまだ納得できない。

(자세한 설명을 들었다. 그래도 아직 납득할 수 없다)

この本は難しい。けれど、おもしろい本だ。(이 책은 어렵다. 하지만 재미있는 책이다)

A： 林先生は厳しいね。(하야시선생님은 엄하시네요)

B： けれど(×それなのに) 、普通はやさしいのよ。(하지만 평소는 상냥하세요)

2時間待った。けれども彼女は姿を現さなかった。

(2시간 기다렸다. 하지만 그녀는 나타나지 않았다)

精一杯勉強した。それなのに、試験に合格できなかった。

(열심히 공부했다. 그런데도 시험에 합격할 수 없었다)

高い化粧品を使っている。それなのに肌がきれいにならない。

(비싼 화장품을 쓰고 있다. 그런데도 피부가 좋아지지 않는다)

父親は努力した。にもかかわらず失敗した。

(아버지는 노력했다. 그럼에도 불구하고 실패했다)

家をリフォームした。ところが逆に不便になってしまった。

(집을 개조했다. 그런데 반대로 불편해져 버렸다)

A：昨日のコンサートどうでしたか。(어제 콘서트 어땠나요?)

B：それが、急用ができて行けなかったんですよ。

(그것이 급한 일이 생겨서 갈수 없었어요)

전건과 반대내용일 때 사용되는 「だけど」는 회화체에서, 「けれども」「だが」「が」는 문서체에서 사용되며, 「しかしながら」는 딱딱한 표현이다. 「とはいえ」「とはいうものの」는 전건을 인정한 후, 화자의 판단이나 감정을 후건에서 표현한다.

彼はよく勉強する。だが、成績はよくない。

(그는 열심히 공부한다. 하지만 성적은 좋지 않다)

少し熱がある。だが今日は仕事を休めない。

(조금 열이 있다. 그렇지만 오늘은 일을 쉴 수 없다)

彼女は美人ではない。だけど、私は好きだ。

(그녀는 미인이 아니다. 하지만 나는 좋아한다)

天気はよかった。とはいうものの、到着まで渋滞で5時間もかかった。

(날씨는 좋았다. 하지만 도착까지 정체로 5시간이나 걸렸다)

大学は勉強するところだ。とはいえ、勉強だけでは楽しくない。

(대학은 공부하는 곳이다. 라고 하지만 공부만으로는 재미없다)

2-5. 선택이나 전환을 나타내는 것

(1) 선택 : **「それとも　または　もしくは　あるいは　ないしは」**

「それとも」는 선택의문문에서 어느 쪽인가를 선택할 때 사용.

「もしくは」「あるいは」「ないしは」는 「または」와 거의 같은 의미로 딱딱한 표현.

「あるいは」는 가능표현과 함께 사용되어 「もしかすると」에 가까운 의미.

バスもしくは地下鉄が便利だ。(버스 혹은 지하철이 편리하다)

質問にはイエスあるいはノーで答えよ。

(질문에는 YES 또는 NO로 대답해요)

テレビまたは新聞紙上でお知らせします。

(TV 또는 신문지상으로 알려드리겠습니다)

バターないしはサラダ油で牛肉を炒めてください。

(버터나 아니면 샐러드오일로 소고기를 볶아주세요)

コーヒーにしますか、それとも紅茶にしますか。

(커피로 하시겠습니까, 아니면 홍차로 하시겠습니까)

(2) 전환 : 앞의 내용과는 관계없이 화제를 바꿀 때 사용된다.

「さて　ところで　(それ)では　それより　それはそうとして　話は変わりますが」

「ところで」는 화제전환의 접속사로, 후건에 질문文이 온다.

「それでは」「では」「じゃあ」는 새로운 행위에 들어간다는 것을 선언할 때 사용.

「さて」는 화제전환의 접속사로, 혼자 말로도 사용할 수 있다.

「話は変わりますが」는 전혀 다른 화제로 이행할 때만 사용된다.

「それはそうとして」「それはさておき」는 회화체에서 주로 사용된다.

以上で提案は終わりです。さて、次の討論に入ります。

(이상으로 제안은 마칩니다. 그럼 다음 토론으로 들어갑니다)

さて、そろそろ帰ろうか。(그럼 슬슬 집에 돌아갈까?)

発表は終わりです。ところで、質問はありませんか。

(발표는 이상입니다. 그런데 질문은 없습니까?)

ところで、あの件はどうなりましたか? (그런데 그 건은 어찌되었습니까)

それでは、これから始めます。(그러면 지금부터 시작합니다)

話は変わるけど、週末コンサートに行かない?

(화제가 바뀌는데, 주말에 콘서트에 가지 않을래?)

2-6. 환언/예시, 결론/결말을 나타내는 것

(1) 환언/예시 : **「つまり　すなわち　要するに　例えば　言わば」**

「要するに」는 말하고 싶은 것을 요약해서 말할 때 사용된다.

「すなわち」는 보충설명을 위해 다른 말로 바꿔 말할 때 사용된다.

「つまり」는 요약과 보충설명 양쪽 모두 사용된다.

「例えば」는 구체적인 예를 들 때 사용된다.

「言わば」는 비유를 사용해서 단적으로 설명할 경우에 사용된다.

A：帰りに一杯どうだ。(귀가 때 한잔 어때?)

B：今日はちょっと体調が…。それに先約が…。

(오늘은 좀 컨디션이… 게다가 선약이…)

A：要するに、だめってことだな。(요컨대 안 된다는 것이구나)

私は今から23年前、すなわち1996年に博士号を取得した。

(나는 지금부터 23년전 즉 1996년에 박사학위를 받았다)

彼は私の義理の兄の子、つまり甥だ。(그는 나의 처형의 아들 즉 조카다)

体に害のあるものは、例えば煙草お酒などがある。

(몸에 해가 있는 것은 이를테면 담배 술 등이 있다)

人生はいわば朝露のようなものだ。

(인생은 이를테면 아침안개와 같은 것이다)

(2) 결론/결말 : **「このように　以上(いじょう)のように　こうして」**

「このように」「以上のように」는 이제까지 말한 구체적이고 세부적인 내용을 총괄할 때, 「こうして」는 세부적인 경위를 말한 후, 결말을 나타낼 때 사용된다.

このように、本製品は洗い方が違います。

(이처럼 본제품은 세탁방식이 다릅니다)

以上のように、教師が注意すべき所は次の三点です。

(이상과 같이 교사가 주의해야할 곳은 다음 3가지입니다)

こうして、二人は結ばれた。(이렇게해서 두 사람은 맺어졌다)

3. 감동사의 표현방법

3-1. 사태에 대한 놀라움을 나타낼 때

「ああ　あっ　あら　ありゃ　あれあれ　えっ　おや　これはこれは　ひゃあ　まあ」

あっ、危ない。(아 위험하다)

ありゃ、変だぞ。(어 이상한데)

ひゃあ、へびだ。(어이쿠 뱀이다)

まあ、おどろいた。(어머 정말 놀랐다)

えっ、本当ですか。(네 정말입니까)

あら、雨が降ってきた。(어머 비가 오네)

ああ、忘れてきた。(아아 잊어버리고 왔다)

これはこれは、ありがとう。(이것 참말 고맙구려)

あれあれ、こんないたずらをして。(아니 이런 장난을 치다니)

おや、山田さんではありませんか。(이런 야마다씨가 아닙니까)

3-2. 의외/의문을 나타낼 때

「あれ　おや　なんと　へえ」

あれ、私の傘がない。(어머 내 우산이 없어)

おや、これは何だろう。(아니 이건 뭐지?)

おや、変な臭いがしますね。(아니 이상한 냄새가 나네요)

なんと、すぐ手もとにあった。(놀랍게도 바로 곁에 있었다)

へえ、そうだったの。知らなかった。(저런 그랬었니 몰랐다)

3-3. 동의나 不同意를 나타낼 때

「はい　ええ　ああ　うん　はあ　いいえ　いや　オーケー」

ああ、そうでした。(아 그랬습니다)

ええ、そのとおりです。(예 그대로입니다)

いや、それは違う。(아니야 그것은 달라)

オーケー、引き受けた。(오케이 접수했다)

いいえ、そんなことはありません。(아뇨 그런 일은 없었어요)

3-4. 이해/승낙을 나타낼 때

「なるほど　ふうん　ふん　はあ　よし」

はあ、そうですね。(예 그렇군요)

ふん、ふん、なるほど。(응 응 과연)

よし、許してやろう。(좋아 용서해 주지)

ふうん、そんな話だったのか。(흥 그런 얘기였었네)

なるほど、その話は分かりやすい。(과연 그이야기는 알기 쉽다)

3-5. 감동/감정을 나타낼 때

「ああ　まあ　あら」

ああ、疲れた。(아 피곤하다)

まあ、ひどい。(정말 너무해요)

まあ、お久しぶりです。(정말 오랜만입니다)

あら、きれいねえ、この花。(정말 예쁘네 이 꽃)

3-6. 해답을 모색 중일 때

「さあ　ええと　あの　その　そうね　そうですね」

実は、その…。(실은 저)

さあ、私にできるかしら。(글쎄 내가 할 수 있을까)

さあ、分かりません/知りません。(글쎄요 모르겠습니다)

そうね、これがよさそうね。(그래 이것이 좋을 것 같네요)

この漢字の読み方は、ええと…。(이 한자 읽는 방법은 음…)

3-7. 호응이나 부름, 주의를 환기/촉구시킬 때

「もしもし　あのう　おい　ねえ　ほら　さあ」

ほら、見てごらん。(자 봐라)

さあ、始めましょう。(자 시작합시다)

おい、そろそろ出かけようか。(이봐 슬슬 나가볼까)

あのう、すみませんが…。(저기 미안하지만…)

もしもし、深見さんでしょうか。(여보세요 후카미씨 입니까)

3-8. 자신에게 反問할 때

「さてと　やれやれ　よいしょ　どっこいしょ」

うんとこ どっこいしょ。(영차 이영차)

よいしょ、帰ろう。(영차 돌아가자)

やれやれ、まただめか。(아이고 또 안 되나)

《参考文献》

庵 功雄の他3人(2001)『中上級を教える人のための日本語文法ハンドブック』
スリーエーネットワーク
市川保子(2005)『初級日本語文法と教え方のポイント』スリーエーネットワーク
梅田博之(1990)「朝鮮語と日本語の述語構造の枠組」『日本語教育』72号
大野敏明(2002)『日本語と韓国語』文芸春秋
沖森卓也の他3人(2008)『図解日本語』三省堂
鹿島 央(2002)『日本語教育をめざす人のための基礎から学ぶ音声学』
スリーエーネットワーク
グループ・ジャマシイ(1998)『日本語文型辞典』くろしお出版
小泉 保(1993)「音声学・音韻論」『言語学入門』大修館書店
下田美津子(1992)「文字・表記」『日本語学を学ぶ人のために』世界思想社
寺田和子외 3人(2004)『日本語쉽게 가르치는 法 ABC』어문학사
富田英夫(2007)『日本語文法の要点』くろしお出版
友松悦子・和栗雅子(2005)『初級日本語文法요점정리Point20』시사일본어사
友松悦子・和栗雅子(2010)『中級日本語文法요점정리Point20』시사일본어사
日本語教育学会編(2005)『新版日本語教育事典』大修館書店
沼本克明(2008)『한국인을 위한 일본한자음의 역사』한국학술원
野間秀樹(1997)「朝鮮語の文の構造について」『日本語と外国語の対照研究Ⅳ
日本語と朝鮮語』下巻 研究論文編 国立国語研究所
飛多良文編(2007)『日本語学研究事典』明治書院
平井悦子・三輪さち子(2010)『독해・청해・작문을 위한 일본어초중급표현문형59』YBM일본어
平井悦子・三輪さち子(2009)『독해・청해・작문을 위한 일본어중급표현문형56』YBM일본어
藤原雅憲(2004)『이해하기 쉬운 文法』어문학사
松本節子外5人(2008)『初級から中級への日本語ドリル＜文法＞』ジャパンタイムズ
村崎恭子(1997)「述語の構成」『日本語と外国語の対照研究Ⅳ日本語と朝鮮語』下巻 研究
論文編 国立国語研究所
森下喜一・池景来(1992)『日韓語対照言語学入門』白帝社
森田良行(2002)『日本語文法の発想』ひつじ書房
森山卓郎(2000)『ここからはじまる日本語文法』ひつじ書房
山口明穂・秋本守英(2001)『日本語文法大事典』明治書院
油谷幸利(2005)『日韓対照言語学入門』白帝社

朴在權(1997)『現代日本語・韓国語の格助詞の比較研究』勉誠社
林憲燦(2007)『Asahi日本語文法』제이앤씨
林憲燦(2015)『한국어와 비교대조한 일본어학의 세계와 이해』책사랑
홍사만(1993)『한・일어대조어학/논고』塔出版社

찾아보기

찾아보기

임헌찬

1996년 3월에 일본 히로시마대학 대학원 교육학연구과에서 교육학박사학위를 취득한 후, 1996년 9월부터 현재까지 인제대학교 교수로 20년 넘게 재직 중에 있다. 일본어학 분야와 일본어교육 분야, 대조언어학분야 전문가로 활동하고 있다.

쉽게 배우는 일본어문법과 표현문형

초판 1쇄 발행 _ 2019년 2월 20일

저　　자 • 임 헌 찬
발 행 인 • 정 현 걸
발　　행 • 신 아 사
인　　쇄 • 대명프린팅
출판등록 • 1956년 1월 5일 (제9-52호)
주　　소 • 서울특별시 은평구 통일로 59길 4
전　　화 • 02)382-6411 · 팩스 02)382-6401
홈페이지 • www.shinasa.co.kr
E-MAIL • shinasa@daum.net

ISBN 978-89-8396-306-2 (93730)

정가 *15,000*원